沖縄「戦争マラリア」

強制疎開死3600人の真相に迫る

大矢英代
Oya Hanayo

あけび書房

はじめに―もうひとつの沖縄戦

「「パティローマ」は「南の果てのサンゴの島」という意味さー。波照間《はてるま》島の語源らしい。ウスナー（沖縄本島）の南の端にあるから、そんな名前がついたんだろうなぁ。でもよ、僕らは波照間のことを「ベスマー」（私たちの生まれた島）と呼ぶさーね」

波照間島の人たちからそう教わったのは、10年前のことだ。彼らが喋る島の言葉「ベスマムニ」と初めて出合ったのもこの時だった。日本語とは全く違う響きに、私は一瞬で魅了された。

東京から南西へ約2000キロ。沖縄本島から約460キロ海を越えた先、荒波の狭間にぽっかりと浮かぶ孤島。波照間島は日本最南端の有人島だ。

一周約15キロの小さな島をぐるりと囲むサンゴ礁。その水面は亜熱帯の太陽をうけて燦々と輝いている。覗き込めば、翡翠《ヒスイ》やターコイズなどの宝石を砕いて溶かしたような海水の中で、赤や黄色の魚たちがゆうゆうと泳ぐ。島内を歩けば、延々と広がる緑のサトウキビ畑。その中で三角形のクバ笠をかぶったお年寄りたちが収穫に追われている。ザク、ザク、ザク。ザク、ザク、ザク……。鎌を振るう心地よいリズムにのせて、サトウキビが切り倒されていく。

島の主要産業・サトウキビの収穫が最盛期を迎えた頃、この島の風はどこか甘い香りになる。黒糖と潮風の香りだ。

人口わずか500人ほどが暮らすこの島は、私が学生時代に8か月間暮らした「心の故郷」であり、ジャーナリストとしての「原点」の島だ。

2010(平成22)年春、ジャーナリストを目指して東京の大学院で学んでいた私は、初めて波照間島を取材で訪れた。ある事件の真相を追うためだ。

1945(昭和20)年、沖縄戦の最中、当時の全人口の3分の1にあたる552人が死亡した。原因は戦闘ではなかった。熱病・マラリアだ。蚊が媒介する恐ろしい感染症である。

戦時中、米軍が上陸せず、地上戦もなかった波照間島では、空襲など直接的戦闘による犠牲者はゼロだった。それなのに、なぜ大勢の住民たちがマラリアで病死したのか。調べてみると、それは住民たちがマラリアの蔓延する西表《いりおもて》島のジャングル地帯へと移住させられたことが原因だった。しかも、日本軍の命令によって強制的に。

軍命による強制移住、それが引き起こしたマラリアによる病死。これが沖縄で「もうひとつの沖縄戦」と呼ばれてきた「戦争マラリア」だ。

戦争マラリアは、波照間島をはじめ、石垣島や黒島など八重山諸島(列島)全域で起きた。犠牲者は3600人以上にものぼっていた。中でも最も深刻な被害を受けたのが波照間島だった。

日本最南端の有人島、波照間島。
平坦な大地にサトウキビ畑が一面に広がり、中心には5つの集落（部落）が密集している。275世帯、498人が暮らす（2020年4月現在）

私が戦争マラリアを追い始めた２０１０年は、沖縄戦から65年の歳月が過ぎていた。体験者たちの証言を伝え残せるのは、今が最後の機会なのではないか。ならば、映像で彼らの肉声をきちんと記録したい。そんな思いで一人、ビデオカメラを抱えてやってきた私に戦争体験を気軽に話してくれる人などいなかった。

「思い出したくもない」

「他を訪ねてくれ」

玄関口で断られることも多々あった。

それもそのはずである。大事な家族を亡くした体験を、突然やってきた見ず知らずの若僧に気軽に話すことなど、誰ができるだろうか。

「もし私が戦争体験者で、取材される側にいたら、どうして欲しいだろうか…」

そう考えると、やるべきことは明確になった。

現場に腰を据えて取材をする。それも体験者たちとひとつ屋根の下で衣食住を共にしながら、人間関係を作りながら取材をする必要があると思った。最も被害が大きかった波照間島に住もうと思った。大学院に1年間の休学届けを出し、東京を後にしたのは２０１０年の冬。年の瀬が迫る頃だった。私はまもなく24歳になろうとしていた。

島には、親戚も知り合いも誰もなかった。身寄りのない私を自宅に受け入れてくれたのが、浦仲家の浩さん、孝子さん夫妻だった。

孝子さん（取材当時79）は13歳の頃に戦争マラリアを経験し、両親を含む家族のほとんどをマラリアで亡くしていた。

生き残ったのは孝子さんと4歳年下の妹・利子さんの幼い姉妹二人だけだった。後継のいなくなった浦仲家を断絶させてはならないと、戦後、浦仲家に婿養子に入り、孝子さんを支えてきたのが夫の浩さん（取材当時87）だった。公民館長や町議会議員として島の発展に尽力してきたリーダーだ。

島で生まれ育った老夫婦の元に、ある日突然、ビデオカメラを抱えて転がり込んできた千葉県出身の学生。不思議な3人暮らしが始まった。

浦仲夫妻はサトウキビ農家だった。島の人たちの戦争体験を聞くならば、私自身も島の人たちの生活の営みを体験せねばと思った。浦仲夫妻と毎日一緒にサトウキビ畑で鎌を振り、汗を流し、キビを刈り続けた。人生で初めて経験する農家の生活は、過酷の一言に尽きた。夜になれば島の新鮮な食材が並ぶ食卓を囲んで労をねぎらい、休日は島の人たちと三線を奏でた。淡々とした日常の中で、当初、「戦争体験者」「証言者」と呼んでいた人たちを「おじい、おばあ」と呼ぶようになった。

最初は全く理解できなかった島の言葉「ベスマムニ」も、3か月もすれば次第に分かるようになった。

「おじい、おばあ」という呼び名も、やがて島の言葉で「ブヤー（おじい）」「パー（おばあ）」

と呼ぶようになった頃、「ウランゲーヌアマンタマ（浦仲家の女の子）」と、私は島の人たちから呼ばれるようになった。

人々と寝食を共にし、島の文化に溶け込み、ゆっくりと取材を重ねていくなかで、当初「戦争マラリア体験者の肉声を伝え残す」と張り切っていた私の心は柔らかくこねられていった。戦争マラリアを生き抜いた人々の「人生」を見つめるようになった。

ブヤー、パーたちとお茶を飲みながら、あるいは畑仕事の合間に一緒にお菓子を食べながら、ふとした瞬間に「マラリアぬ時よぅ、でーじやったどぁ（マラリアの時、大変だったよ）」と彼らが語り始める証言に耳を傾け、ビデオカメラを回していった。

こうして完成したドキュメンタリーをもって私は大学院を卒業し、２０１２（平成24）年春、沖縄の民間テレビ局・琉球朝日放送に就職した。報道記者として米軍基地問題や自衛隊問題、米軍がらみの事件事故などの現場取材に明け暮れた。

「ハナ、私と一緒に沖縄戦のドキュメンタリー映画を作ろう」

映画監督の三上智恵さんからそんな提案をいただいたのは、２０１７（平成29）年春のことだった。

私はテレビ局を退社し、フリーランスジャーナリストに転身したばかりだった。テレビ局でドキュメンタリー番組を制作した経験はあったが、突然の映画制作の提案に驚いた。

しかもテーマは、沖縄戦だ。

「沖縄を原点とする私たちが手をとれば、他にない映画ができるはずだから。それに、戦争マラリアの取材ができるのはハナしかいないから」

そんな三上さんの言葉に背中を押された。

三上さんと私は、同じ沖縄のテレビ局で働いた先輩後輩の間柄だ。『標的の村』などの番組を制作してきた三上さんと、報道記者として現場を取材してきた私がタッグを組み、10か月間の製作期間を駆け抜けて、2018年7月、ドキュメンタリー映画『沖縄スパイ戦史』が完成した。

沖縄・桜坂劇場での公開を皮切りに、東京、大阪をはじめ全国各地で上映が続き、これまで約3万人の観客が劇場に駆けつけてくれた。2019年10月の山形国際ドキュメンタリー映画祭で上映されたほか、韓国、ドイツ、スイス、米国など海外でも上映された。キネマ旬報ベスト・テン文化映画部門1位（2018年）、文化庁映画賞など9つもの賞をいただいた。

1945年3月〜6月の沖縄戦では、沖縄本島中南部を主戦場として日米両軍による激しい地上戦が展開され、軍民合わせて約20万人が死亡した。一般住民は砲弾が飛び交う戦闘に巻き込まれ、沖縄県民の4人に1人が死亡する甚大な被害を受けた。それがこれまで一般的に語られてきた沖縄戦である。これを「表の戦争」とするならば、『沖縄スパイ戦史』が描いたのは、その背後で展開された裏の戦争、つまり「秘密戦」だ。

日本軍がどのように住民たちを作戦に利用し、時に武器を持って戦わせ、そして住民たちが軍にとって「不都合な存在」となった時、一体何が起きたのか。戦後これまで語られてこなかった沖縄戦の最も深い闇を「スパイ」というキーワードで描いた。これこそが沖縄戦の悲劇であり、日本軍が展開した真の作戦であり、その中にマラリア有病地へと移住させられた波照間島の人々も飲み込まれていた。

この本は、私が戦争マラリアを追い始めた学生時代から『沖縄スパイ戦史』の制作に至るまでの10年間の記録だ。学生時代に波照間島、石垣島、西表島など八重山諸島のあちこちを歩いて取材しながら、毎日、大学ノートに書き綴った取材記録は20冊以上にのぼっていた。その中には、辛い体験を語ってくれたブヤー、パーたちの言葉が散りばめられていた。「なぜ、今、戦争マラリアを取材するのか」「誰のために、何の目的で、私は取材をするのか」と悩みながらカメラを回し、ジャーナリストの卵として歩き始めた等身大の私がいた。

そして、過去の戦争マラリアから現在へと繋がる「一本のレール」が見え始めた時、どうしても今、この本を書かねばならないと思った。

取材を始めた当時のことを思い出そうとすると、脳裏に最初によみがえってくるのはアブラゼミの鳴き声だ。1匹ではない。無数の蝉が一斉に発する声だ。それは次第に大きく、甲高くなっていき、やがて耳をつんざくほどの叫び声に変わる。すると、私の思考は過去へと誘われ、目前にはあの鬱蒼としたジャングルが現われる。

2010（平成22）年6月21日。あの日、私は石垣島の山の中にいた。

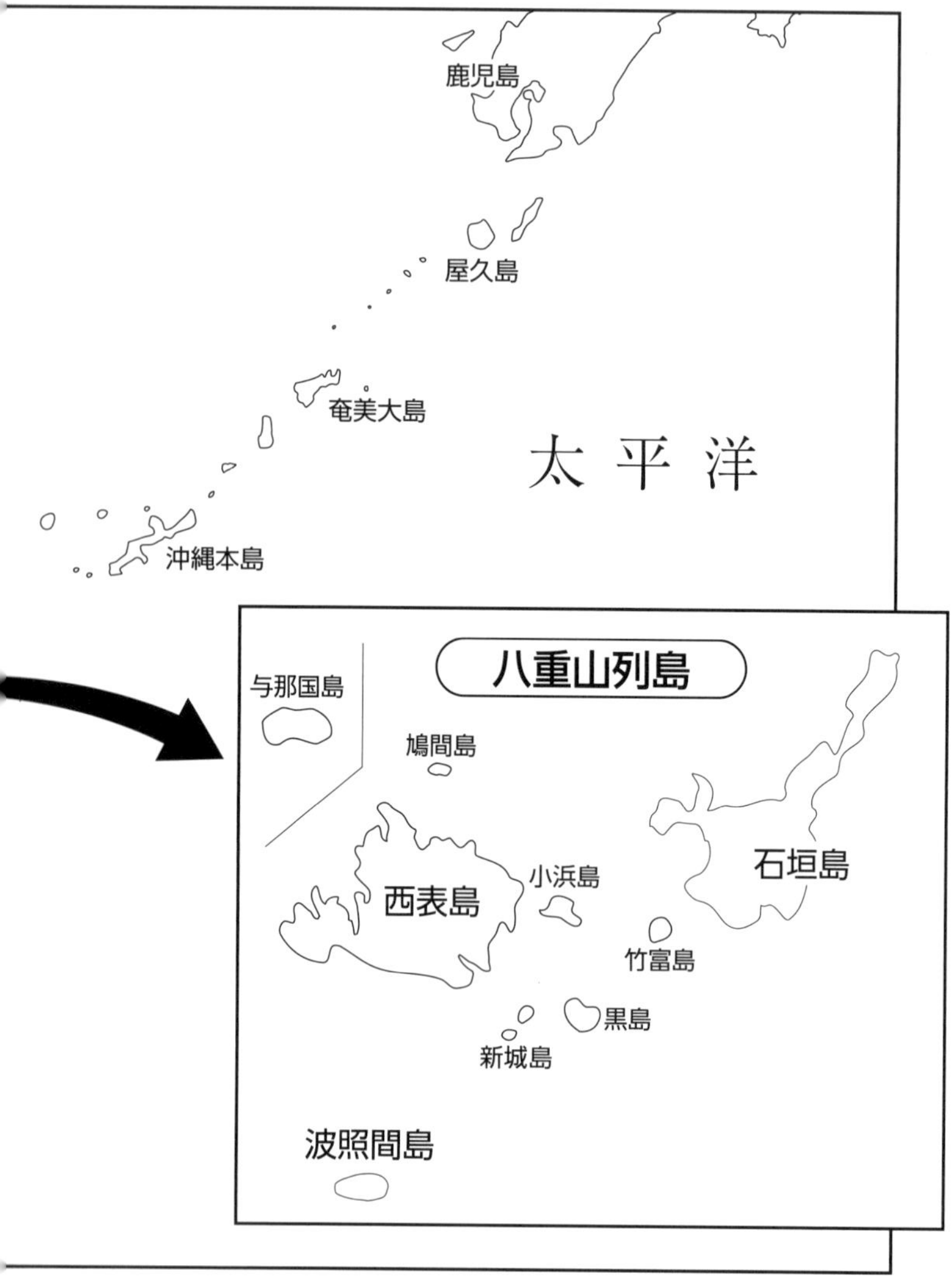
鹿児島
屋久島
奄美大島
太平洋
沖縄本島
八重山列島
与那国島
鳩間島
西表島
小浜島
石垣島
竹富島
黒島
新城島
波照間島

中国
東シナ海
先島諸島
八重山列島
台湾
西表島
宮古島
与那国島
石垣島
波照間島
フィリピン

もくじ

第1章

住民3600人の死の真相を追って

2009年夏～2010年夏　石垣島

かつての強制移住地、於茂登岳・白水を歩く潮平正道さん

65年前の今日

それは果てしない樹海だった。

周囲には樹齢何十年、何百年とも知れぬ木々が乱れ立ち、シダ植物が生い茂っている。見上げた空は木々の葉でふさがれ、そこに真夏の太陽はない。時おり、風にゆられてわずかな光がこぼれ落ちてくるだけだった。

足下を見れば一本の道がある。ひからびた落ち葉が敷き詰められ、木々の根っこがいくつも隆起している。この山道を登って行けば、樹海の心臓部まで行けるのだという。転ばないように注意を払いながら、木々の間を縫うように進む。密林の中ではアブラゼミの声がこだまし、けたたましい音が響いている。

ふと右頬に痛みを感じて、ぱしりと平手を打った。手のひらを見ると、小指の第一関節ほどの大きさの蚊がべっとりと血を吹いてつぶれていた。山に入ってからもう何匹蚊をつぶしたか分からない。すでに私の顔や腕は所々赤くふくれ、ひどいかゆみを生じていた。追い払おうとばたばたと両手を振ってみても、わずらわしい羽音は私の耳元にまとわりついて離れない。

「この山は蚊が多いでしょう。夕方になるともっとですよ」

私の前を歩いていた潮平正道《しおひらまさみち》さん（77）が振り返って言った。その片手で、胸の高さほどの木の杖をついている。山の入り口で拾ったものだ。

山道は続く。見失わないように、潮平さんの背中を追った。この物悲しい樹海の中で唯一の命綱のように思えてくる。

「あの頃は、このあたり一帯がハマダラ蚊の生息地でした。マラリア原虫を媒介する蚊です。ハマダラ蚊はきれいな水のあるところに生息しますから。この山には澄んだ湧き水もあるし、もう少し歩けば小川がありますよ」

潮平さんの言葉どおり、しばらく山道を歩いて行くとせせらぎの音が聞こえ始めた。小川まではそう遠くないようだ。


やがて周囲の景色が変わってきた。木々がところどころ切り倒され、直径2〜3メートルほどの円形の空間が道の左右に点在している。さらに歩くと、右側にまたひとつ、ぽっかりと空間があった。これは直径5メートル以上ありそうだ。そこに地元の中学生15人ほどが集まっていた。潮平さんの戦争体験を学ぶ平和学習の一環として、この地を初めて訪れたのだ。

「さぁさぁ、みんなもっと近寄って。丸く円を組んで」

潮平さんがそう言うと、生徒たちは指示どおりに円陣になった。その中心、彼らの足下に人間の頭ほどの大きさの石が3つ、寄り添うように置かれている。誰が持ってきたのだろうか、ひび割れた古い皿が2枚、そして深紅の花が一輪、石の上に鎮座していた。

「みなさん、この石は竈石《かまどいし》と言います。沖縄戦当時、使われていた台所です。火を起こしてご飯を炊いていました。石の大きさからすると、この場所にはかなり大勢の人たちが住んでいたはずです」

潮平さんは子どもたちに向かって言葉を続けた。

「65年前の今日、この山の中にはたくさんの人たちが住んでいました。君たちのおじいさん、おばあさんもそうです。そしてこの山で、その多くがハマダラ蚊に刺され、マラリアにかかって亡くなりました。いま、みなさんが立っているこの場所でも。医者もいない。食べるものもない。薬もない。こんな寂しい山の中で、ひっそりと死んでいったのです」

潮平さんの瞳はまっすぐに生徒たちを捉え、彼らもまた潮平さんを見つめていた。

「黙祷を捧げましょう。戦争マラリアで亡くなった人たちのために」

潮平さんがそう告げる。生徒たちはみな目を閉じた。

沈黙のあとには、叫び声にも似たアブラゼミの鳴き声が残った。そこに木々のざわめき、そして物悲しいカラスの声が響き合う。音の洪水に飲み込まれるように、私も目を閉じた。まぶたの裏の暗闇は徐々に深まり、やがて静寂が訪れた。

２０１０（平成22）年６月21日。沖縄県石垣市。島の中心部にそびえ立つ於茂登《おもと》岳の山中に私はいた。65年前の今日、潮平さんはここ、白水《しらみず》と呼ばれる樹海の中に住んでいた。当時、数千人の住民たちがこのジャングルの中で暮らし、多くが恐ろしい感染病・マラリアの高熱に苦しみながら息絶えた。

１９４５年、沖縄戦の最中にあった八重山諸島で、一般住民約３６００人がマラリアで死亡した「戦争マラリア」事件だ。「もうひとつの沖縄戦」「第2の沖縄戦」とも呼ばれる。

地上戦なき島々の沖縄戦・戦争マラリアとの出合い

「戦争って残酷」忘勿石之碑《わすれないいし》で慰霊祭」

その朝、私は手に取った新聞の一面の見出しに、聞きなれない言葉を見つけた。

「わするな……いし」

小さく声に出して読んでみると、その言葉の響きに言いようのない物悲しさを感じた。添えられた一枚の写真はどこかの海岸だろうか。若い母親が見守る横で、男の子が一輪の白い花を祭壇に手向けている場面だった。

その日は、2009（平成21）年8月15日。終戦記念日の朝だった。私は石垣島の地元新聞社・八重山毎日新聞社の編集部にいた。将来のジャーナリストを目指す大学院1年生だった私は、夏休みの間、新聞記者のインターンシップ（就業体験）をしていた。

「終戦記念日は広島・長崎の犠牲者を追悼し、平和を希求する日」と、千葉県で生まれ育った私はこの時まで当たり前のように考え、当然、朝刊一面にも同様の記事があるものだと思っていた。だが、そこに並んでいたのは、「戦争マラリア」「強制疎開」「マラリア」など、初めて聞く言葉ばかりだった。

西表島南風見田にある「忘勿石」の碑。
強制移住させられた波照間の人々の悲劇を忘れるなという思いを込めて、戦時中当時の波照間国民学校校長・識名信升さんが海岸の岩に彫った文字とされている

記事によると「忘勿石之碑」があるのは西表《いりおもて》島の東部、南風見田《はえみだ》の海岸だ。白い浜とサンゴ礁の海が見渡せる美しい海岸は、いまでは観光客に人気のキャンプ場や海水浴場として知られているが、かつては恐ろしい熱病、マラリアの有病地だった。そこで、1945年、波照間《はてるま》島の住民たち約500人がマラリアで命を落としたという。人口の3分の1にものぼる甚大な犠牲者数だ。

波照間島は、西表島から海を挟んで約20キロ南にある孤島だ。別の島の住民たちが、一体何のために西表島へと渡ったのだろう。しかも、波照間島にはマラリアがなかったという。なぜ、わざわざ危険な島へと向かったのだろうか。記事を読み進めると「日本軍の軍命による強制疎開」という文字が目に入った。私はますます混乱した。なぜ軍がこともあろうに、わざわざ危険なマラリア有病地へと住民を移住させたのだろうか。

気になって八重山毎日新聞社の過去の記事や沖縄戦の関連書籍を調べてみると、こんなことが分かった。

●八重山諸島では、米軍上陸も地上戦もなかった

アジア・太平洋戦争末期の1945（昭和20）年3月末、米軍の空襲や海上の軍艦からの砲撃（艦砲射撃）に続き、慶良間諸島に米軍が上陸。4月1日には沖縄本島に上陸し、熾烈な地上戦が始まった。その頃、沖縄本島から400キロ以上離れた八重山諸島では、米軍が上陸しなかったにもかかわらず、なぜか住民たちが日本軍の命令によって移住を強いられていた。

●マラリア有病地への移住は、八重山諸島各地で起きていた

石垣島の住民たちは島内の山間部（於茂登岳やバンナ岳など）へ。波照間島、黒島、鳩間島、新城《あらぐすく》島の住民たちは、西表島へ強制的に移住させられた。移住先はマラリア有病地だった。移住時期は各島によって異なるが、全体的には同年3月～6月に始まり、移住終了は同年7月～9月初旬。移住生活は2か月～5か月間だった。沖縄戦が組織的に終結したとされる6

月23日以降も、八重山諸島の住民たちの移住生活は続いていた。

●八重山諸島全域で3600人以上の犠牲者

当時の八重山諸島全人口（3万1671人）の約53％（1万6884人）がマラリアにかかり、うち21・6％（3647人）が死亡した。一家全滅は62戸（201人）、孤児は198人にのぼった。八重山諸島全人口の11・5％がマラリアで死亡した。（『一九四五年戦争に於ける八重山群島のマラリアに於いて』（八重山民政府、1947年））

2009年（平成21年）8月15日、八重山の新聞各紙やテレビは戦争マラリアのことを大きく取り上げ、人々は犠牲者に祈りを捧げていた。体験者や遺族たちの悲しみに満ちた表情は、この地域の人々にとって、戦争マラリアが未だ癒えない深い悲しみの記憶であることを物語っていた。

「沖縄戦」と聞けば日米両軍による激しい地上戦をイメージしていた私に、この日初めて出合った戦争マラリアは、これまでと全く異なる沖縄戦の側面を突きつけた。

なぜ、住民たちは自国軍によってわざわざマラリアの蔓延する山中へと移住を強いられたのか。そもそも、なぜ、私はこれほどの一般住民が犠牲になった事件を今日まで知らなかったのだろうか。答えの出ない疑問が次々と私の胸につのっていった。

夏休みが終わり、石垣島から東京の大学院に戻っても、その疑問は私の胸中に残り続けていた。同級生たちに戦争マラリアのことを話しても、誰一人知らなかった。「八重山ってどこにあるの？」と八重山諸島のことすら知らない人がほとんどだった。それは夏休み前の私自身の姿と重なった。

八重山の人々にとって忘れがたい悲惨な戦争の体験が、本土では全く知られていないのが現状なのだと痛感するたびに、私は本土と八重山の間にある「不可視の境界線」上に自分自身が置かれていることに気が付いた。決して目には映らない、しかし、確実に存在する、その境界線の存在と向き合わざるを得なかった。

「私は沖縄戦のことを何も知らずに生きてきた。このまま、知らないままでいいのだろうか」

胸中の引っかかりは、どんどん重みを増していった。

修士課程1年目が終わりに近づき、修士論文のテーマを決める時が来た。同級生たちが頭を抱えていた頃、私は迷うことなく戦争マラリアを選んだ。

戦争体験者たちに直接会い、証言を記録したい。戦後65年目を迎える今、体験者から直接証言を聞ける最後のチャンスかもしれない。そんな危機感に駆られていた。証言は映像で記録し、ドキュメンタリー映画を制作することにした。

軍国少年　潮平正道さん

２０１０（平成22）年３月。八重山毎日新聞社でのインターンシップから約半年がたった頃、私は再び石垣島の地を踏んだ。冬は過ぎ去り、ハイビスカスが南風に揺れる「うりずん」の季節がもうそこまでやって来ていた。

取材をすると言っても、親戚も友だちもいない地で一体誰に会えばいいのか、どこに行けばいいのか、見当もつかなかった。インターンシップでお世話になった八重山毎日新聞社、そして戦争マラリアの歴史資料を収集、展示する沖縄県立八重山平和祈念館の２つだけが頼りの綱だった。すがるような思いで駆け込んだ平和祈念館の職員の方から、戦争マラリア体験者のひとりを紹介していただいた。それが潮平正道さん（77）だった。

電話で取材を申し込み、さっそく自宅にうかがうことになった。

ショッピングを楽しむ観光客を横目に、おしゃれなカフェやレストラン、土産店、ホテルが立ち並ぶ繁華街を抜けると、伝統的な沖縄建築の家々と現代風のアパートが混ざり合う住宅街が現れた。その中のひとつ、歴史を感じさせる平屋の一軒家に潮平さんは暮らしていた。

「そうか、千葉からですか。遠いところから大変でしたね」

潮平正道さん（2010年３月、石垣島の自宅にて）

ねぎらいの言葉をかけてくれた潮平さんは、身長１７０センチほどのしっかりした体格で、大きな、力強い眼が印象的な人だった。ぴしゃりと伸びた背中。はつらつと話す姿。とても77歳とは思えなかった。

戦争マラリア当時、潮平さんは12歳（国民学校高等科1年生）だった。将来の夢は立派な軍人になること。日本の勝利を信じて疑わない、自称「熱烈な軍国少年」だった。石垣島で最も深刻なマラリア被害が出た移住地のひとつ、石垣島中央部の於茂登岳の中腹、白水へ移住を命じられたという。

「マラリアにかかると、どうなるか知っていますか？」

潮平さんは開口一番、私にそう尋ねた。私は首を横に振った。

「あの苦しみは、体験した人じゃないと分からないな」

そう言うと潮平さんは天井を見上げ、握りしめた拳を小刻みに震わせた。
「40度以上の高熱が出て、ひどい寒けに襲われるんですよ。ガタガタガタガタ、震えが止まらない。真夏だったのに寒くて仕方ない。「布団をもっと掛けてくれ」と。寝ていると天井がぐるぐると回転する。あぁ、こうやって僕は死ぬのかって思いましたよ」

マラリアは熱帯、亜熱帯から温帯地方に広く分布する感染病だ。主に、川や池、たまり水などに生息する「ハマダラ蚊」と呼ばれる蚊が、肉眼では見えない微生物、マラリア原虫を媒介する。刺されると、マラリア原虫が血液を通じて人体へ侵入し、赤血球内に寄生する。そしてマラリア原虫が赤血球内で増殖する時、高熱、震え、悪寒などの症状を引き起こす。悪性の場合は、脾臓や肝臓の肥大などの合併症を発し、死に至る病である。

マラリアは八重山諸島の風土病だった。沖縄では古くから八重山諸島を「ヤキーの島」「フーキィの島」と呼んでいた。いずれも「マラリア」を意味する言葉で、「ヤキー」は沖縄方言、「フーキィ」は八重山方言だ。『石垣市史 資料編近代3マラリア資料集成「近代のマラリア」』(石垣市役所、1989年)によると、「ヤキー」は「高熱が間歇的に出る」という意味で、マラリアが「焼けるような高熱を発する」ことに由来している。

八重山方言の「フーキィ」は「伝染病」を意味する沖縄方言の「フーチ」から派生した言葉で、これは日本語の「風気(風邪)」に起源を持つ。また、首里方言は「マラリアを「八重山にある風土病」と限定」している。このことからも、マラリアが八重山の風土病であることは古くから沖縄で周知の事実だったことが分かる。

八重山のマラリア撲滅が成功したのは、終戦後の米軍統治下でのことだった。それまで長く苦しいマラリアとの闘いの歴史があった。

それは沖縄がまだ日本に併合される以前、琉球王国時代にまでさかのぼる。沖縄本島・首里に拠点を置く琉球王府は、支配下に置いていた先島諸島（八重山・宮古）に「人頭税《じんとうぜい》」という重税を課していた。住民たちは農作物や織物を献上するために大変な労働を強いられていた。さらに18世紀初め頃、農地拡大のための大規模な土地開拓政策「寄人政策」が開始され、住民たちは開拓民として西表島や石垣島の未開のジャングルへと送り込まれた。

住民たちは農地開拓に励んだが、猛威を振るうマラリアに次々と絶命していく。新たな村を起こしても、マラリアのために衰退、廃村へ追い込まれていった。すると村の再建の名の下に、またしても他の地域や島からの強制移住がおこなわれた。だが、それは新たなマラリアの犠牲者を生むだけだった。島や地域を強制的に分断したため、「道切り」「島分け」などと呼ばれた移住政策の悲劇は、離散家族や恋人を想う八重山民謡となって、今日まで歌い継がれている。

そんなマラリアとの長い闘いの歴史を経験してきた八重山の住民たちにとって、沖縄戦最中、山に入ればマラリアにかかることなど周知の事実だった。ましてや医療も食糧も乏しい戦時下である。「でも」と、潮平さんは言う。

「移住は軍の命令だった。つまり、それは天皇の命令。当時の僕は、天皇のために尽くすという、それ以外の人生を考えられなかった。それ以外の世界を知らなかった。軍国主義の日本に尽くす人間って、それが宿命と感じていましたから」

戦後65年の歳月を経た潮平さんの言葉は、常に冷静だった。

「弾に撃たれれば一瞬で死ぬけど、マラリアは病気だから。山の中で毎日、人が死んでゆくわけですよ。バッタバタ、バッタバタ、と。ある家庭では、今日子どもが死んだかと思えば、翌日にはばあさんが死んで、1週間経たないうちに一家で3、4人が亡くなった」

潮平さんは、その力強い眼でしっかりと私を見据えながら語った。

密林の中で、日々、人が高熱にもだえ、苦しみ、死んでゆく。そんな恐ろしい現実が65年前、この島には確かに存在したのだ。

沖縄戦までのカウントダウン

日本軍による強制移住はなぜ起きたのか。それを知るためには、アジア太平洋戦争、そして沖縄戦そのものの歴史を振り返る必要がある。

1941（昭和16）年12月8日未明、日本軍による米国・ハワイ真珠湾奇襲攻撃とマレー半島上陸作戦により、アジア太平洋戦争が始まった。当初、主導権を握っているかに見えた日本軍だったが、翌年には情勢が悪化。沖縄戦が始まる約1年前の1944（昭和19）年2月17、18日。日本軍にとってなんとしても死守したい領土「絶対国防圏」の要だったトラック島で、日本軍は米軍の空襲と艦砲射撃を受けて大敗。40隻余の艦船と航空機270機を一挙に失う。さらに4か月後、サイパン島が陥落。米軍はこれらの領土を獲得したことで、日本本土への直接出撃ができるようになった。B29爆撃機による日本本土への激しい空爆の始まりだった。

「南西諸島（沖縄、奄美など）と台湾方面の防衛力強化を」

時を同じくして、大本営は沖縄に日本軍基地の配備を決めた。日本軍による沖縄の軍事要塞化の始まりである。しかし、それらの日本軍基地はのちに米軍の標的となり、さらにこれらを奪うために米軍が沖縄本島に上陸。地獄の地上戦へと突入していく。

大本営が陸軍・第32軍を沖縄本島の首里に創設したのは、1944年（昭和19年）3月22日。沖縄で地上戦が始まる約1年前だ。

第32軍の最大の任務は、航空作戦の準備。つまり、日本軍の飛行場や港湾などの基地建設とその防衛だった。圧倒的な兵力と武力を兼ね備えた米軍の攻撃を受けて、すでに大量の航空機と戦艦を失っていた大本営は、沖縄本島と先島諸島を「皇土防衛のための不沈母艦」と位置づけ、沖縄県内各地へ日本軍の配備と基地建設を急ピッチで進めていく。

先島諸島（宮古、八重山）では同年5月、第32軍の指揮下に独立混成第45旅団がつくられ、旅団長として宮崎武之少将が着任した。司令部は石垣島。現在の県立八重山農林高校に設置された。

そして、石垣島でも3つの軍飛行場の建設が始まった。作業は、老幼婦女子に至るまで足腰の立つ住民を根こそぎ動員しておこなわれた。

海軍北飛行場（平喜名《へーぎなー》飛行場）は、1933（昭和8）年に作られた小型機の不時着用の飛行場を航空基地として整備したものだ。幅500メートル、長さ550メートルの四角い飛行場だった。

海軍南飛行場は、石垣島南部の平得《ひらえ》、真栄里《まえざと》部落に隣接して新設された。建設作業は「朝鮮人の労務者600人を中心に進められた。朝鮮人労務者はダイナマイト使用や手作業による陣地や壕掘りなど危険な作業に従事した。軍は地元の児童から老人や女性まで総動員し、さらに小浜島をはじめ各離島からも徴用して44年に完成した」（大田静男著『八重山の戦争』南山舎、1996年）。この空港は2013年に新石垣空港が開港するまで、石垣と那覇、本土を結ぶ民間空港として戦後も使用されていた。

1944（昭和19）年8月には陸軍白保《しらほ》飛行場が完成。全長2000メートルの滑走路を持つ本格的な航空基地だった。

これらは台湾に置かれていた航空部隊の中継基地として重要な役割を与えられ、守備する陸海軍は約9000人にのぼった。

しかし、満を持して完成した日本軍基地はやがて米英軍の格好の標的となり、周辺住民たちは連日連夜激しい空爆に襲われることになる。

　1945（昭和20）年3月29日、米軍の慶良間諸島上陸から3日が経ち、沖縄本島上陸がいよいよ直前に迫っていた。この日、石垣島では八重山農学校や県立八重山中学校の男子生徒を中心に「鉄血勤皇隊」が組織された。言うならば、現在の少年兵である。

　隊員たちは日本軍の軍事作戦に参加させられ、それぞれが通信班、対空監視班、追撃班、自活班などの役割を与えられた。その中のひとりに、当時12歳、国民学校高等科1年生だった潮平正道さんの姿があった。

「毎日、旅団本部に行って、敵の飛行機から見えないようにと、木の枝やアダンなどを切って来ては屋根にかぶせて偽装したんですよ。そのうち枯れると、また生の青い葉っぱをかぶせて…。こんな作業を毎日ですよ」

　潮平さんは鉄血勤皇隊の隊員だった当時を振り返りながら、

「あんなバカらしいことばかりさせられて…」

と、時おり呆れ顔のような微笑みを見せた。しかし、当時はその作業にこそ生きがいを感じていたという。

「『鉄』の『血』の、軍隊。つまり、死を以て天皇に尽くすって意味でしょう、鉄血勤皇隊って。これに入ったことで軍隊と密接にかかわるようになって、戦争とのつながりが深くなっていくんですよ。当時は戦争そのものに対する疑問など持っていなかった」

大勢の日本軍がやってきた石垣島では、住民と軍隊との間に密接な関係性が生まれていたという。日本軍にとって、住民たちは基地建設に欠かせない労働者であり、「現地自活」を基本としていた軍隊のための重要な食糧生産者でもあった。また、比較的大きな民家には将校クラスの軍人たちが寝泊まりするなど、軍隊と住民の生活が混在する「軍民雑居」状況になっていた。住民たちにとって、日本軍は「友軍」であり、尊敬と信頼の対象だったという。

しかし、この軍民一体の密接な関係性が、戦況の悪化と共にやがて住民たちへの「スパイ視」を生み、戦々恐々とした雰囲気を作り出していくなど、当時の住民たちは想像もしていなかったに違いない。

移住開始

真珠のネックレスを着け、水色の上品なワンピースに身を包んだその老婦人は、縁側の小さな椅子に腰を掛け、遠い過去を探るように空中をぼんやり見つめていた。

「あのね、何日かはっきり覚えていないの」

ふいに彼女の口から言葉がこぼれた。

「でも、とにかくジメジメした日だったの。6月だから雨季だったのよ。雨がしとしと降っているしね。道はぬかるんでいた」

そう言うと上原好子さん（75）は、「そうそう、ここに全部書いてあると思うわ」と一冊の本を開いた。記念誌『悲しみをのり越えて』は、戦後、戦争マラリア慰謝事業の一環で制作・出版された資料集だ。上原さんは、澄んだサファイヤ色の指輪をはめたその細い指で目次の文字をたどり、ぱらぱらとページをめくった。私に差し出したページの見出しには「生きながらの地獄」とあった。上原さんの戦争マラリア体験記だ。

上原さんが住む登野城《とのしろ》という地区は石垣島の中心部にある。離島行きのフェリーが発着するターミナル、レストランや土産物店が立ち並ぶ繁華街と、住宅地が隣接する地区である。上原さんは観光客向けの土産物店が立ち並ぶアーケード街「あやぱにモール（現・ユーグレナモール）」の真横に住んでいた。数日前、突然の電話で取材のお願いをした私に上原さんは少し戸惑った様子だったが、今日の取材を受け入れてくれた。

「あの時の私、何歳だったかな…。9歳？　いや、違うわ。10歳よ」

体験記に目を通す私の前で、上原さんは独り言のようにつぶやいた。そして、小さな瞳で私を捉え、言葉を続けた。

「あぁ…、私、はっきりと覚えているわ。疎開の日、ここ登野城から白水に行ったときはね、夜から歩き出すわけ。テレビで難民の人がぞろぞろと集団で歩くでしょう？　ちょうどそのような格好で行ったの。荷物背負って。母は弟おんぶして。私は兄が作ってくれたリュックサックを背負って、これに鰹節1本と食糧を入れて。ぞろぞろと於茂登岳に向かったの」

疎開先・白水へは両親と18歳の姉、15歳の兄、4歳の弟の家族6名で向かった。列をなす群衆の中には頭の上に荷物を担いだり、子どもをおんぶしたりした女性たちもいれば、天秤棒で荷物を担いで歩く男性たちもいたという。

明け方、空が明るくなった頃、敵の飛行機が先頭集団の人たちを襲った。ちょうど山の中を歩いていた上原さん一家は、空襲警報が鳴り響く中、木の陰に身を潜めて空襲が過ぎ去るのを待った。しばらくすると、「先に行った人たちが機銃でやられたらしい」という話が列の前の方から流れてきた。

「次に死ぬのは、自分たちかもしれない…」

おびえながら、白水へと歩き続けた。無論、この「死の移住」の背景に存在した日本軍の作戦や方針など、当時の住民たちは知る由もなかった。

石垣島に駐留していた第45旅団が移住命令を出したのは1945年6月1日だ。その内容は、「官公庁は6月5日までに、一般住民は6月10日までに軍があらかじめ指定した石垣島中央部の山間部へ移住せよ」

というものだった。この命令が出されるまでの2か月前からの日本軍の動きを見てみると、方針が二転三転していたことが分かる。

1945（昭和20）年4月1日、すでに慶良間諸島に上陸していた米軍が沖縄本島に上陸し、攻略作戦「アイスバーグ作戦」を開始した。

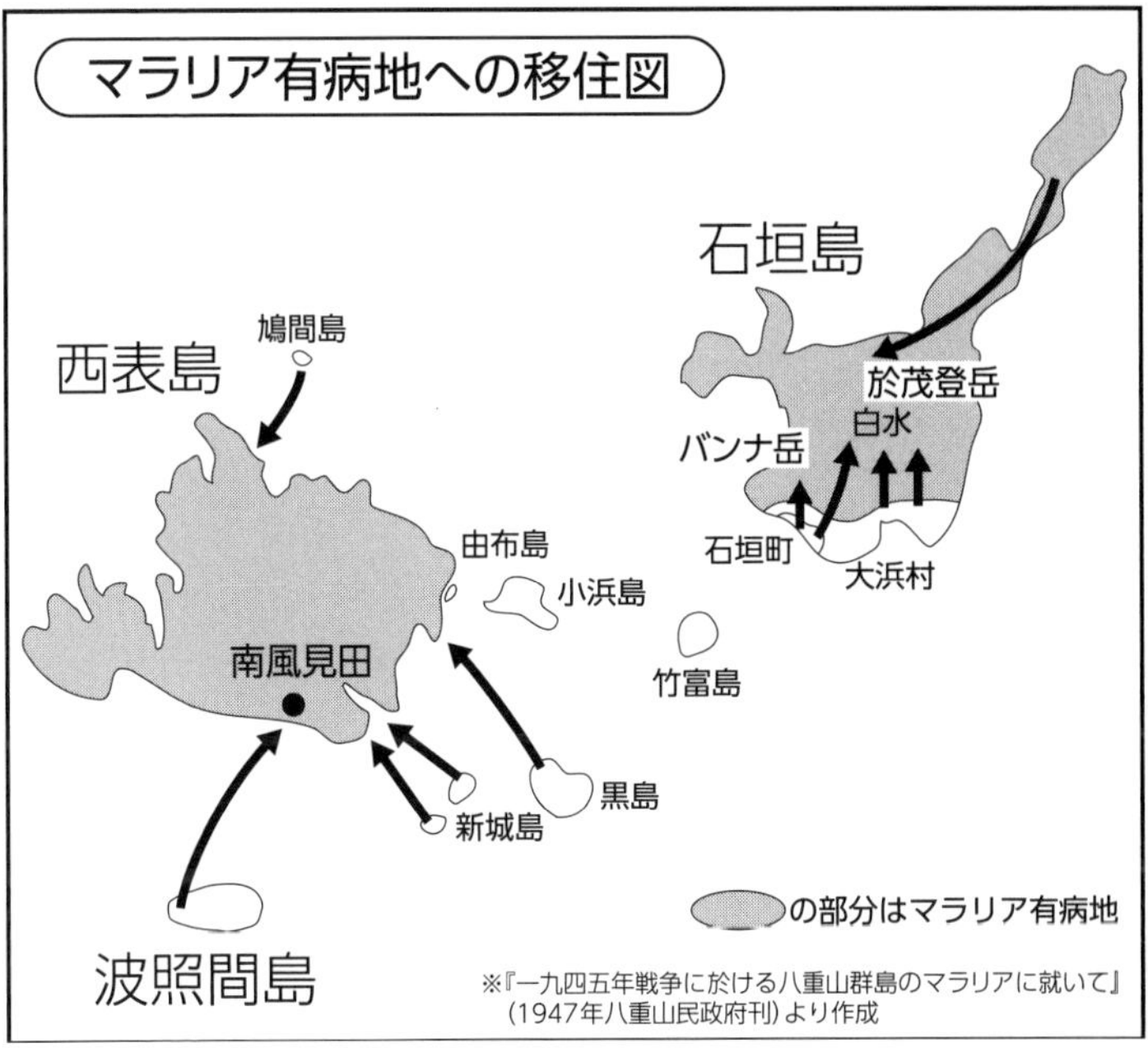

沖縄本島に司令部を置く第32軍を管轄していた台湾の第10方面軍は、米軍が先島諸島へ上陸するか否か戦況を見極めていたが、「恐れは薄くなった」と判断し、第32軍に対し、「先島については当分の間、上陸作戦を顧慮することない。全力を航空作戦に投ぜよ」と命じる。米軍の沖縄本島上陸の7日後のことである。

この命令に基づいて、石垣島の独立混成第45旅団は基地の確保と補修に全力を投じることになった。

ところが、沖縄本島での地上戦が激化し、方針は一変する。

5月下旬、第32軍が首里の司

令部を放棄し、南部への撤退を開始すると、台湾の第10方面司令部は、5月30日付けで石垣島の第45旅団を第32軍の指揮下からはずし、直接指揮下に置いた。

第45旅団・宮崎武之旅団長が市街地からの「退去（避難）命令」を下したのはその直後、6月1日だった。

当時の石垣島は、石垣町と大浜村の二つの行政区に分かれていた。宮崎旅団長は、石垣町長、大浜村長らを軍本部に呼び出し、口頭で命令を伝えた。役場ではただちに緊急会議が開かれた。翌日には、住民たちは各部落単位で軍が指定した移住地へと移動を始めた。

石垣町の市街地を構成する4つの部落、登野城、大川、石垣、新川（総称「四カ字」）のうち、登野城と大川は、島中央部・於茂登岳の東南部に位置する白水地区へ。石垣と新川は、バンナ岳西北部に位置する外山田《そとやまだ》地区などへ。また、四カ字の東部に位置する大浜村では、平得、真栄里、大浜、宮良、白保の4つの部落が於茂登岳東部の武名田原《ぶなたばる》地域へ。白保部落は仲水へ、伊原間、平久保の両部落は桴海《ふかい》へ。それぞれ移住を命じられた。

それらは全て、マラリア有病地だった。

さらに8日後の6月8日、台湾の第10方面軍司令官は、石垣、宮古の旅団長に向けて、「6月中旬以降、敵の先島方面進攻作戦の可能性が高い」と伝達。これを受けて、2日後、石垣の宮崎旅団長は全部隊にこう命令した。

「敵の上陸、攻撃に備え、全部隊を戦闘態勢へ。いつでも戦闘開始が可能な状態を整えよ」

なぜ日本軍は住民に移住命令を出したのか。それは上陸が予想される敵から住民たちを守るための、安全のための「避難」だったのか。だとしたら、なぜわざわざ危険なマラリア有病地を移住先に指定したのか。この時の私には、まだよく分からなかった。

数年後、ドキュメンタリー映画『沖縄スパイ戦史』の取材で再びこの謎に挑み、私は初めて、死の強制移住の背景に存在した日本軍の恐ろしい思惑を知ったのだった。

だが、それはまだ先の話である。

死者たちが眠る山

2010（平成22）年6月21日。沖縄戦の組織的終結を祈念する「慰霊の日」まで2日となったこの日、石垣島の名蔵中学校の生徒たち15人ほどを乗せた車が於茂登岳へ向かっていた。平和学習の一環としてかつての強制移住地・白水を訪問するためである。私は子どもたちと一緒に山へと向かった。

梅雨は数週間前に過ぎ去っており、車窓から見上げた空はどこまでも青く澄み渡っていた。降り注ぐ太陽が真夏の始まりを告げていた。大地には緑のサトウキビ畑が広がり、島人たちが「ぺーカジ」と呼ぶ南風の中で穂先がゆったりと泳ぐ。太陽を受けてきらきらと輝く緑の波が美しかった。

しばらく車を走らせると、サトウキビの海が消えて、フロントガラスに深い山が表れた。近づくにつれて、道は舗装のないガタガタ道になっていった。

「難民の人たちみたいに、ぞろぞろと歩いて行ったの」

ふと、上原好子さんの言葉を思い出した。65年前、まだ子どもだった上原さんも潮平さんも、大勢の人たちと共にこの道を歩き、白水に向かったのだ。

出発から約30分、白水の入り口に到着した。車で入れるのはここまでだ。入り口には膝の高さ程のチェーンがかかっていて、その向こうには樹海が広がっている。横には「石垣市民の大切な水源です」と看板が立っている。だが、水の音は聞こえない。ただ、叫び声にも似たアブラゼミの鳴き声だけが、薄暗い樹海の中でぽっかりと口を開けた一本道の向こうから聞こえてくる。


この日、案内役を務めたのは潮平正道さんだった。潮平さんは、拡声器を片手に生徒たちに向かって語り始めた。

「みなさん、右手を見てください。於茂登岳、沖縄県で一番高い山ですね」

かつての強制移住地である於茂登岳が目前にそびえていた。直線距離で行けば、頂上まで1キロもないように見える。しかし、その間に横たわる密林が道のりの険しさを物語っていた。

灼熱の太陽が照りつけ、子どもたちの額には汗がにじみ出ていた。私も吹き出す汗をぬぐいながらビデオカメラを回していた。

「さぁ、では山に入りましょう」

移住当時の様子を証言する潮平さん。
画はマラリアで死亡した子どもを担ぐ男性

先頭を行く潮平さんに続いて、子どもたちがチェーンを越え、森へと入っていく。私は最後尾に続いた。足を踏み入れた時、すっと温度が下がったのを感じた。見上げると、空は木々の葉で覆われ、先ほどまで肌を焼いていた灼熱の太陽が葉の間からこぼれ落ちるゆるやかな光に変わっていた。轟々と風が木々を揺らす。アブラゼミの鳴き声が増していく。

「当時は食糧がないから、動くものは何でも食べました。カエルは凄く美味しい。足を裂いて火にあぶって食べた。タニシはみんなが取って食べちゃってないから、タークムという田んぼの昆布を食べたりね。毒蛇のハブはご馳走でしたよ」

潮平さんはそう言うと、山道を歩き続けた。

「この先に小川がありますから、そこで

続きを話しましょう」

小川に到着したのは、山に入ってから15分ほど歩いた頃だった。川幅は10メートル程度で、水深は膝下ほどである。子どもでも平気で渡れる川だ。せせらぎに手を入れてみると、氷水のように冷たい。当時、ここで暮らしていた住民たちもこの川で喉の渇きを癒したのだろう。

生徒たちが川岸に腰を下ろすと、潮平さんは前に立って話し始めた。

「当時はこの川に木の橋がかかっていました。橋のあちら側に渡り、100メートルくらい行くと、人びとの住む家が並んでいました。家と言っても、丸太や木の枝などで作った粗末な小屋です」

潮平さんがスケッチブックを取り出し、一枚の絵を見せた。丸太小屋の中で、住民たちが雑魚寝をしている。当時の記憶を元に、潮平さんが描いた絵だ。

さらにもう一枚の絵には、米俵のようなものを運ぶ男性が描かれていた。

潮平さんは言う。

「マラリアで死んだ孫を藁《わら》で作ったむしろに包んで、じいさんが肩に担いで運んでいった姿を今もはっきりと覚えています。毎日、たくさんの住民たちがマラリアで倒れていきました。真っ暗な森の中を、遺体を運ぶ人たちがぞろぞろと往来していた。昼間は敵に見つかるからと、夜中になってから埋めに行ったんです」

木々をざわめかせながら、樹海の中を風が吹き抜けてゆく。アブラゼミの鳴き声はいまや一層高く、けたたましい。穏やかに流れ続ける小川を見つめた。

「マラリアで死ぬ」と分かっていながらも、軍命に従い山の中へと移住した住民たちに、そしてこのジャングルの中で、高熱に苦しみ、悶え苦しみ死んでいった人たちに、私は想いをはせた。戦争マラリアで死亡した３６００人余の人びとの多くは、幼い乳飲み子、未就学児、18歳以下の青少年、婦人、老人だった。

「以前、テレビ局の記者が私のところに取材に来た時ね、こんな質問をしたんです。「潮平さん、山に行けばマラリアにかかると分かっていて、どうして行ったんですか。軍命は断れなかったんですか」と。

私、すごく頭に来てね。あの当時は、軍の命令は天皇の命令。絶対に言うことは聞かないといけない。どうか、みなさん、この点をどうか理解してください」

軍国教育を一心に受け、「軍国少年」として育った潮平さん。そして、戦争を知らない世代として今を生きる子どもたち。「どうか理解してください」という言葉に込められた潮平さんの切実な思いは、向かい合う両者の間に横たわる歳月の溝を象徴しているように私には感じられた。

日本軍はマラリアの危険性を知っていた

強制移住の背景には日本軍の住民対策が存在した。それは沖縄戦が始まる前から周到に準備されたものだった。

1944年8月、「総動員警備要綱ノ設定ニ関スル件」が閣議決定され、全国各地の沿岸警備に関する方針が打ち出された。ここでは陸軍大臣、海軍大臣のみならず、地方の軍司令官、またはそれ以下の長官は、沿岸警備に必要な対策をその地方の警察や行政機関に請求できるとある。また請求を受けた警察や行政機関は、請求に従い処置をとらねばならないと定めた。これにより、軍↓警察、地方行政機関↓住民というルートで、軍は地域住民に間接的に命令ができる仕組みができたのだ。

この「要綱」に基づいて、陸軍省、海軍省は同年11月、全国の沿岸警備の方針を定めた「沿岸警備計画設定上ノ基準」を全国の軍司令官らに通達。1か月後、沖縄でも第32軍司令部参謀長から県内の各部隊長宛に文書が送られ、さらに防衛団などの民間の警備組織にも送られた。

この方針の中で、特に八重山地域は「主要警備ノ島嶼」と位置付けられている。

「在住民の総力を結集して直接戦力化し、軍と一体となり国土防衛に当たるべき組織態勢を確立強化する」

この決定に従い、軍の作戦をスムーズに進めるための官民の協力体制づくりと、そのための住民対策が計画、実施されることになった。その住民対策こそ、非常事態における住民の移住についてだった。しかも、「事前移住」、「避難」、「退去」と細かい分類まで取り決められていた。

沖縄県はこれを基準にして「県民指導措置大綱」をつくり、石垣島の八重山支庁に通達した。

これを受けてつくられた「県民指導措置八重山群細部計画」が各地域、町内会に送られていった。これは石垣市在住の郷土歴史研究者・大田静男さんが戦後見つけた資料だ。そこでは、住民の行動について、「疎開」、「避難」、「事前避難」、「緊急避難」、「退去」などの区別で定義している。その中で「退去」は、「事態に応じて軍の命により、危険地域の住民を最も安全地域に移転せしめること」とある。移住命令は、この「退去」にあたるものだった。

また住民に対する命令については「口頭トス」と明記されている。実際、宮崎旅団長の軍命は口頭だった。その内容は、官公庁は6月5日までに、一般住民は6月10日までに、軍が予め指定した石垣島中央部の山間部へ移住を命じるものだった。

だが、移住によって住民たちがマラリアの犠牲になる危険性を日本軍は考えなかったのだろうか。答えを知る鍵が、石垣市の沖縄県立八重山平和祈念資料館に保管されていた。

作戦記録『八重山兵団防衛戦闘覚書』。これは第45旅団司令部で作戦を担っていた東畑広吉氏（陸軍少佐、高級部員・参謀長職）が戦後書き残したものだ。戦時中、八重山諸島の日本軍が展開した作戦やその目的について、詳細に記録されている。その中で東畑氏は「八重山列島防衛の難点」として、こう書き残している。

「石垣島防衛地区の大部はマラリア病発生の地区内にあり、之が対策には上陸当初より最大の努力を為す」

実際、第45旅団がマラリア対策を開始したのは、石垣島にやってくる約2か月前の1944

（昭和19）年6月だった。部隊を配備するには、まずマラリア有病・無病地はどこかを事前に知る必要があったからだ。

第45旅団は八重山諸島一帯のマラリア有病地の調査に取りかかった。「琉第一八八〇一部隊」の名で、八重山諸島内のマラリア有病地帯、地方病および伝染病・感染病などを調査し、まとめたのが㊙調査書『八重山群島ノ衛生状況大要』だ。

調査を担当したのは、石垣島の南島医院院長・吉野高善氏（医学博士）だった。吉野氏は戦前より台湾でマラリアの調査研究をおこなっていた経験があり、第45旅団司令部から調査を依頼されたのだった。

同調査書は現在、石垣島にある個人経営の歴史資料館「南嶋資料館」に保管されている。館長の崎原當弘氏は、吉野高善医師の孫にあたる。調査書は吉野医師の直筆で書かれ、表紙には左下に「吉野高善」のサイン、右上に「秘」の文字が朱書きしてある。資料は全46ページにわたり、うち15ページが第4章第1節の「マラリア」に費やされている。その中には、八重山全体のマラリア有病地を示した地図があった。石垣島は、住民たちが暮らす沿岸部は「無病地」、中北部の山間部は全て「有病地」とされている。西表島は全域が「有病地」として示されている。また、波照間島や黒島など周辺の島々は「無病地」と示されている。

戦後、崎原氏の自宅には、吉野医師が戦争前・戦中に使用していた医療器具などが多く残されていた。崎原氏はそれらの管理に頭を抱えていた。

「祖父の遺品を全て資料館に展示するのは無理。だけど、捨てることもできなかった。『衛生状況大要』もそんな遺品のひとつで、祖父の資料や遺品を整理していたら、偶然見つかったのです」

電話インタビューの中で、崎原氏はそう語った。

この資料は東畑氏の『八重山兵団防衛戦闘覚書』の中でも言及されている。「幸い台湾熱帯医学研究所及び在石垣島医師会の絶大なる協力により、軍全般には防疫対策徹底したる」という部分だ。同調査によりマラリア有病地を把握した第45旅団は、マラリア特効薬「キニーネ」を確保し、野戦病院での保管などの対策を徹底した。

しかし、マラリア対策はあくまで軍隊のためのものであり、特に上官用のためのものだった。同覚書の続きにもこう記されている。

「軍全般には防疫対策徹底したるも住民全般には及ばず、多大の犠牲を払うに至る」

政治的解決

1989（平成元）年以降、戦争マラリアは沖縄県内のメディアを中心に大きく取り上げられていた。戦争マラリアの遺族たちによる国家補償請求運動が起きたからだ。

「沖縄戦強制疎開マラリア犠牲者援護会」（以下、援護会）が、この年、当時琉球大学教授の篠原武夫さんを中心に発足。篠原さんは国、県、市町村を相手に「戦傷病者戦没者遺族等援護法」（援護法）による個人補償・見舞金の支給を求め、7年間におよぶ要請活動を続けた。

援護会は、活動開始当初、「軍命」の記述がある旧日本軍関係者の手記などを移住と軍命の因果関係を示す物的証拠として訴えていた。しかし、国は「軍命の証拠が不十分」として消極的な態度を見せ続けた。だが、要請活動のことが八重山毎日新聞をはじめ沖縄県内のマスメディアで大きく報道されるようになると、第45旅団の元軍関係者が続々と「軍命だった」「軍命は口頭だった」などと証言を始める。同時に、軍命を裏付ける日本軍の資料が次々と発見されるようになった。


潮平正道さんが戦争マラリアの国家補償請求にかかわるようになったのは、偶然のことだった。

1989年（平成元）年、「援護会」代表の篠原武夫さんが軍命の証拠を探して石垣島市役所を訪れた。当時、保健予防課の課長だった潮平さんは、篠原さんから相談を受けた時、「そういえば」と、戦時中の父の姿を思い出した。

父・寛保さんは戦時中、「食糧営団」と呼ばれる一般住民のための配給用食糧を管理する組織の班長だった。毎日欠かさず手記を付ける真面目な人だった。潮平さんは父が戦時中も手記を付けていたことを思い出した。

「おやじ、何か書き残していないかな…」

書棚から押入れまで家中をひっくり返して、父が残した「手がかり」を探した。そして、1

945（昭和20）年当時の手記を見つけ出した。

色あせたページをめくり、「昭和20年6月1日」の記述を目にした時、思わず「あっ」と声が出たという。

そこには父の直筆で「午前九時旅団司令部集合 退避命令受ク」とはっきりと書かれていた。それが口頭で下された軍命の存在を証明する最初の証拠となった。手記の原本は現在、八重山平和祈念館に展示されている。

2010（平成22）年4月。沖縄本島・浦添市。私は、戦争マラリア援護会を立ち上げ国家補償請求運動の第一線で闘ってきた篠原武夫さんの自宅を訪問した。

石垣島出身の篠原さんもまた、戦争マラリア体験者であり、母、姉、妹の3人をマラリアで失っていた。当時、篠原さんはまだ4歳だった。

「僕はね、土葬される母親の横で無邪気に遊んでいましたよ。母親の死すら、分からなかった。まだ子どもでしたから」

母の記憶はわずかで、かつ断片的でしかない。まさか家族の死因が軍命だったなど、知る由もなかった。

1987（昭和62）年秋頃、篠原さんに転機が訪れる。「家族を死に追いやった沖縄戦とは何だったのか、知りたくなった」という篠原さんは、沖縄戦関連の資料を収集したり、沖縄本島南部の遺骨収集に参加したりするようになっていた。そんなある日、古本屋で偶然手にした『平和への証言』（沖縄県生活福祉部援護課、1983年発刊）の中に「六・二　八重山の各部隊、戦闘準備のため住民をマラリア地帯の山地へ強制疎開させる」の記述を見つけた。

「この「強制」の二文字を見て、とても腹が立った」

篠原さんは当時の心情を語った。

「調べれば調べるほど、疎開と軍の因果関係が明らかになってきた。軍は軍事作戦の遂行のために住民を山に追いやった。しかも、マラリア有病地帯と分かったうえで。つまり、住民は軍に「協力」させられたわけですから「援護法」が適応されるべきだと訴えたんです」

援護法（1952（昭和27）年に施行）は、第2次世界大戦までの戦争で傷病した軍人や、戦死した軍人の遺族に対して国家補償を支給するものだ。国内で唯一、戦場にされた沖縄県では、軍人以外の住民も特別に対象となっている。

しかし同法では、「総動員業務につき協力をさせられた者」、「陸軍又は海軍の要請に基づいて戦闘に参加した者」という位置づけでのみ補償対象となるため、「戦争被害者」が「戦争協力者」にすり替わるという大きな矛盾をはらんでいる。それでも、戦争マラリア被害者が国家を相手に補償請求をするにあたり、頼れる法律はこれしか存在しなかった。

1996（平成8）年、戦後補償問題の解決を目指した「与党戦後50年プロジェクトチーム」との協議の末、戦争マラリア犠牲者慰霊碑の建立、八重山平和祈念館の建設、記念誌『悲しみをのり越えて』の発刊、戦争マラリア犠牲者追悼式の開催の計4事業が決定した。これら総計3億円にのぼる事業の完了をもって、戦争マラリアは「政治的に解決済み」の問題とされた。

しかし、援護会が発足当初から要請していた援護法に基づく個人補償（見舞金の支給）は実現されなかった。日本政府が「石垣島や波照間島の軍命の存在は確認できるが、その他の鳩間島、黒島、新城島の軍命の存在が不明瞭である」としたからだ。篠原さんは苦悩した。「5島全体で要請するのではなく、石垣と波照間の2島に絞ろうかとも思った。だけど、それでは残された島の人たちはどうなる？　結局、5島全体で要請することにした」

日本政府が消極的な姿勢を見せていた理由は、当時の政治情勢も関係していたと考えられる。戦争マラリア国家補償運動と並行して、アジア各地で日本政府に対する戦後補償問題が沸き起こっていたのだ。

中でも、従軍慰安婦問題は韓国で大きなうねりをあげていた。世論の声が高まるほどに台湾やフィリピンからも元従軍慰安婦による訴えが起きた。反日感情は東アジア各地で高まり、従軍慰安婦問題は日韓間の高度な政治問題へと発展した。

戦争マラリア遺族会に対し3億円の慰謝事業が決定された1996（平成8）年、元従軍慰安婦への支援を目的に、社団法人「女性のためのアジア平和国民基金」が設立された。事務局運営費は日本政府負担だが、「償い金」は国民から集めるという方式をとり、政府はあくまで間接的支援という姿勢を崩さなかった。それは、一部に現金を支給することで、日本人の元従軍慰安婦や元看護婦、恩給年限に満たない兵士、東京大空襲などの民間人被害者をはじめ、あらゆる戦後補償問題の表面化を防ぐ目的があったと考えられる。

従軍慰安婦問題の一連の経過に見る、このような国の「直接的支援の回避」は、戦争マラリアの慰謝事業にも共通していた。

例えば、1996（平成8）年8月時点で、政府案には「慰謝事業は、例えば、見舞金」の記述があり、国は遺族会の個人補償請求を認める姿勢だったと考えられる。しかし、同年12月時点の政府案（最終）でその記述は消去され、代わりに「国は、遺族に対する個人補償等の個人給付は行わない」と明記された。また、慰謝事業の資金に関しても、国からの直接支給ではなく、沖縄開発庁と沖縄県が政府の資金を受けて分担でおこなうことになった。従軍慰安婦問題のケースと同じく、政府はあくまで「間接的支援」の形式をとったのだった。

篠原さんは当時の心境について、重い口を開いた。

「慰謝事業は、ぼくたちの当初の請求と全く違うものでした。だから大ショックでした。でも、これを断ったら、あとは何もない。7年間の努力も白紙になってしまう。オール・オア・ナッシングでしたよ。だからぼくは苦渋の選択のうえで、慰謝事業を受け入れたんです」

篠原さんは言葉を続けた。

「ある政府官僚から言われたよ。「篠原さん、中国だけでも20数兆円だよ。なんとかしてよ。見舞金は無理だ」と」

篠原さんはそう語りながらも、「でも、これで良かったんだ」と何度も繰り返した。まるで

八重山戦争マラリア犠牲者慰霊碑

そう自分に言い聞かせているように。

慰謝事業で手に入れたものとは、一体何だったのか。戦争マラリアの犠牲者たちの死に、日本政府はどう責任をとったというのか。篠原さんにビデオカメラを向けながら、煮え切らない想いが私の胸中をくすぶっていた。

慰謝事業で手に入れたものとは

戦争マラリア慰謝事業のひとつ、八重山戦争マラリア犠牲者慰霊碑は、かつての強制移住地の周辺であるバンナ公園に建設されている。石垣島の市街地を一望できるバンナ岳の中腹にある。

私が初めてそこを訪れたのは、２０１０（平成22）年6月21日だった。移住地・白水を訪れたあと、帰り道に潮平正道さんとふたりで立ち寄ることにした。夕暮れの石垣島、慰霊碑を訪れる人は他には誰もいない。

戦後、画家として生きてきた潮平さんは、慰霊碑のデザインを手がけた。政府側の「慰霊碑は直径5メートルまでに」との注文を振り切って、直径15メートルの巨大な碑をつくりあげた。沖縄の伝統建築や御嶽《うたき》（沖縄の拝所）の様式を用いながら、碑の細部には、戦争マラリアを起こした日本軍や国家に対する怒りを込めてハブを彫り込んだ。

慰霊碑の横に置かれた碑文を読むと、そこには「軍命」の文字はなかった。代わりに、移住は「軍の作戦展開の必要性により」と彫り込まれていた。援護会や体験者、遺族たちの訴えた「軍命」の表記は、政府側が一切許さなかったという。

「『必要性』なんて…、こんな言葉、遺族の文章には最初入っていなかった」

碑文の前で、潮平さんは悔しさをにじませた。

「『軍命により』だったんだ、ぼくらの原文は。その軍命という言葉を国はどうしても入れさせない。これだけじゃ、あやふやだ。軍命により、なんだよ。軍命があったんだもん」

また、同じく慰謝事業で建設された石垣平和祈念館も、入館者の伸び悩みに苦悩していた。八重山毎日新聞の2010年4月30日付の記事には、祈念館の入館者数についてこう書かれていた。

「2007年度＝4897人、08年度＝4872人、09年度＝4620人と推移しており、目標の5000人にわずかに届かない状況」

単純計算で1日あたり、12～13人の入館者数だ。

戦争マラリアの遺族でつくる「遺族会」は会員が高齢化の一途をたどり、組織の弱体化が進んでいた。中でも波照間島の遺族会は、高齢化を理由に自然消滅してしまった。

「語り続けること」でしか風化を防ぐことができない遺族会は、この現状をどう改善したらよいのか分からないままだ。

「戦争マラリアを風化させたくない」

と言う戦争マラリア遺族会・理事長の西原多壬子《たみこ》さんは、戦後生まれで、体験者ではない。しかし、祖父を戦争マラリアで失っている。

遺族会はこれまで平和学習に力を注ぎ、八重山諸島内の学校で体験を発表するなどの活動をしてきた。2010年3月中旬、大阪の高校生が修学旅行で石垣島を訪れた際、学校から平和学習の依頼を受けて、西原さんは生徒たちに戦争マラリアについて講義した。西原さんは30分ほど戦争マラリアの歴史や経過を語ったが、時間の制約のためか戦争マラリアの概要を述べるに留まった。一方で「平和」という抽象的なメッセージが先行するばかりだった。学生の中には、おしゃべりや居眠りをする学生も多々見受けられた。

「毎年6月23日の沖縄の「慰霊の日」が近づくと、各学校でも戦争マラリアに焦点を当てているけど、どれくらい効果を生んでいるのか疑問なんですよ」

そう語るのは、遺族会・副会長の仲山忠亨さん（77）だ。

「平和学習の授業もマンネリ化の傾向じゃないか、という声もある。形式的になってしまって。

心動かす授業ができてないんじゃないか、と。子どもたちは戦争を体験してないから、平和学習を強化しなければいけないけど…。現実問題、厳しいですよね」

仲山さんは戦前11人家族だった。強制移住で全員がマラリアに罹患し、5人が重体になった。敗戦の年の10月23日、マラリアで亡くなった祖父母の四十九日を午前中に済ませたその日の午後、母が亡くなった。当時中学校1年生だった仲山さんは母の遺体を火葬場に運んだ。

「いまでもはっきり覚えている。火葬場の中に釜があって、そこに遺体が5、6体積まれていた。中には、死体の汁が垂れた跡がみえる。つぎつぎと死体が運ばれてくる。まるで、ただの箱を積んでいるみたいに…。母の死体を火葬場に置いてきたんだけど、10時頃取りに行ったら、骨箱にチョークで名前「仲山ナリ」と書かれていた。父と二人で遺骨を持って帰ったわけですけどね…」

そう言うと、仲山さんは両手をぎゅっと握りしめ、うつむいた。沈黙が流れた。時計のコツコツ、という音だけが響いていた。

先に沈黙を破ったのは仲山さんだった。

「戦争マラリアをどう伝えて残していくか、これからの大きな課題なんです。僕が当時12歳、やがて80に手が届くわけ。我々がいなくなると、本当に体験者がいなくなる。大きな問題ですよ。風化させない、とみんな言うけど、実際、どのようにして風化から守るか、それが分からない」

仲山さんの発した「分からない」という言葉が、残りわずかな人生を生きる戦争マラリア体験者たちの心境を物語っているように、私は感じた。

戦争マラリアは本当に解決したのだろうか

２０１０年６月23日。沖縄戦の組織的終結を記念する「慰霊の日」がやってきた。県内各地で慰霊祭が開かれるなか、石垣島でも午後から戦争マラリアの慰霊式典が開かれた。式典に先立ち、八重山平和祈念館の一室では遺族会の会合が開かれていた。出席者は10人足らずの、小さな会合となった。この日の議題は、ここ数年問題となっている活動費についてだった。

会長の篠原さんは、会の厳しい財政状況を説明し、出席者に会費の納入をよびかけた。「遺族会は財政状況が厳しい。我々には見舞金がなかったから…。会合の場を借りるにしても、遺族会は費用を徴収するのが難しい。みなさん、どうかご理解を」

２０１０年時点で石垣市からの助成金はなく、会費は数名の役員で立て替えているという。慰霊碑の掃除を会員に呼びかけても、会場からは「我々も、もう歳だから…」と消極的な声が返ってくるのみだった。

その日の午後、「軍命」の表記がない慰霊碑の前で、年に一度の追悼事業を取材しながら、私の中で戦争マラリアの被害者たちが「政治的解決」で手に入れたものは何だったのだろうかと、煮えきらない想いが増していった。

戦争マラリア体験者、遺族の高齢化は進み、毎年多くの方が亡くなっている。石垣市は国際的な観光都市を目指し、発展、開発を進め続けている。変わる時代、変わる八重山。その流れのなかで「戦争マラリアは解決済み」「戦争マラリアは過去の問題」という認識だけが、日々、現実味を増してゆく。


「本当に戦争マラリアは解決したのだろうか」

取材を終えて東京に戻る飛行機の中で、これまで何度も自分自身に問うてきた疑問がふくらんでいた。東京では、戦争マラリアは全く知られていない。他人事として簡単に片づけられてしまう。石垣島での取材で感じたこと、発見した事実、問題をなんとか人々に伝えたいが、どうすればいいのか。そもそも伝えたところで、社会は、人びとは、それを望んでいるのだろうか。

大学院という「現実」に戻った私は、本土と沖縄の間に横たわる「不可視の境界線」の狭間で、再び、身動きがとれなくなってしまっていた。1年前、戦争マラリアと出合った時に初めて感じた「境界線」は、ますます明確になり、さらなる苦しさを伴うものになっていた。

その葛藤を、私は戦争マラリアの取材記録として毎日書いていた取材ノートにこう綴った。

「東京に戻ってきて、実はほっとしている。

取材を通じて、私は体験者たちに語りたくない過去、思い出したくない記憶を語らせてきた。

それは苦痛を与える行為であり、相手を傷つける行為に間違いなかった。それを十分理解しているからこそ、私自身もひどく傷ついてきた。苦悩し、カメラをまわすのも怖くなった。体験者の家の前でチャイムを押す勇気がなくて、何十分も立ち往生したこともあった。その度に、「なぜ、今、私は戦争マラリアを取材をするのか」という自問が鋭い刃物のように私自身に向けられ続けた。

正直、逃げ出したい時ばっかりだ。これまでの取材と映像で、ドキュメンタリーを作って取材を終えることができたら、どれだけ楽だろうか。でもそれが、どうしてもできない。良いジャーナリストだったら、もっと早く、上手に物事を理解して、パッパと映像をつくれるだろう。でも私は真逆で、どうしても物事を理解するのが遅い。少しずつしか進めない。きっと、私はジャーナリストには向いていないんだ」

それでも逃げ出すことはできなかった。戦争マラリアによって人生を翻弄された人たちが、今、この時代に高齢化で亡くなっている。彼らの肉声や生きる姿は、今伝え残さなければ二度と戻ってこない。

国家が戦争に向かう時、国や社会、民衆はどのように間違っていくのか。極限の状態に置かれた時、軍隊はどんな暴力性を持つのか。私は、戦争マラリアの体験者の言葉からそれをみつけたいと思った。そこには今、私が生きる社会にも通ずる、普遍的な教訓があるはずだ、と。私を戦争マラリアの取材へと駆り立てるのは、結局のところ、「今、戦争マラリアを撮らなければ」という危機感だと気づいた。

２０１０（平成22）年12月、戦争マラリアの取材開始から９か月が過ぎた頃、私は大学院に休学届けを出し、東京を去った。向かったのは八重山諸島の南の果てにある波照間島だった。日本最南端の有人島であり、戦争マラリアで最も深刻な被害を受けた島だった。そしてこの島で、私はある「おじい おばあ」と家族同然、一つ屋根の下で８か月間を過ごすことになる。

波照間島に渡った私が最初に始めたのは、ビデオカメラを置いて、サトウキビ農家になることだった。

第2章

島で暮らしながら撮る

2010年冬〜2011年夏　波照間島

農作業中の浦仲孝子さん

さよなら、東京

飛行機はゆっくりと旋回しながら、石垣空港へと高度を下げていく。窓の外にはサンゴ礁の海が広がり、八重山の島々が点々と浮かんでいた。

「勢いよく東京を飛び出したはいいが、果たして私にできるだろうか…」

羽田空港を離陸した時に胸いっぱいに膨らんでいたワクワクは、すでに不安と緊張に変わっていた。２０１０（平成22）年12月9日。今日から新しい生活が始まる。波照間島で暮らしながらドキュメンタリーをつくるのだ。

ふと、修士論文の研究に追われる大学院の同級生たちの姿が脳裏をよぎった。みんなは計画どおりに論文や映像作品を仕上げて、4か月後にはマスコミや企業に就職をしていく。そんななか、私は大学院を飛び出して、戦争マラリアを追って未知の世界へとたった一人で向かっている。人と比べてはならないと知りつつも、まもなく24歳の誕生日を迎えようとするなか、自分の人生がどこへ向かっているのか、この先に何が待っているのか、何ひとつ分からないまま人とは違うルートへと身を投じる自分自身に言いようのない不安を感じていた。

石垣島に到着後、八重山毎日新聞社へ向かった。私が戦争マラリアと出合った、インターンシップの受け入れ先だ。編集部を訪ねると、この日も記者たちが原稿執筆に追われていた。半年ぶりにアポなしで訪ねてきた私の顔をみても驚いた様子はない。「久しぶり」の言葉の代わりに、「おー、また来たねー。今度はいつまでいる？」と笑った。

編集長の黒島安隆さんは、インターン当時から変わらない和かな笑顔で迎えてくれた。白ヒゲをたくわえた温和な方だ。波照間で生活しながらドキュメンタリーを作ることを話すと、

「大矢さんはきっとそうなると思っていたから、驚かないさ」と目を細めた。

「長い間、島に滞在すれば、必ず映像が違ってくるよ」

そう黒島さんが言った。

波照間の人たちときちんと人間関係を築くまで、しばらくビデオカメラを回さないことにした。ここからだ、と思う時期がきっと訪れるはずだ。

宿に到着後すぐに電話をかけた。波照間に住む、浦仲孝子さん（79）だ。これから8か月間、私を自宅で受け入れてくれることになっている。

「波照間には1週間後に来たら良いさ」

電話越しに、孝子さんの優しい声が聞こえた。孝子さんの都合に合わせて、波照間には翌週渡ることにした。

ところが当日の朝、石垣港に到着してみると、掲示板には「欠航」の文字。高潮のためだという。すぐに孝子さんの自宅に電話を入れた。しかし、呼び出し音が鳴り続けるだけだった。昼になっても、午後になっても、孝子さんに電話が繋がらない。

「もしかして、朝から港で私のことを待ってくれているのだろうか。だとしたら、どうしよう

…」

夕方5時半。呼び出し音の後に「はぁい」と孝子さんの声が響いた。私は、船の欠航について説明したあと、待たせてしまったことを謝罪した。

孝子さんは「いやぁ、待ってないさ」と笑った。

「わたし、今日波照間に来いなんて、そんなこと言ったかー？」

約束を完全に忘れていたようだ。私は思わず声を上げて笑ってしまった。

「じゃあ、次はいつ波照間に行ったら良いでしょうか？」と私は聞く。

すると孝子さんは一言、「いや、あんたが知っているはずよ」。

あんたの来たい時に、いつでも来ればいいということだった。

孝子さんと私の間には、血縁関係はない。赤の他人である。私がなぜ、孝子さんの自宅で長期間お世話になることになったのか。そもそも、なぜ波照間だったのか。きっかけは、さかのぼること9か月前、私が初めて波照間を取材で訪れた2010（平成22）年3月末のことだった。

波照間を訪れたのは、ずっと会いたかった人に会うためだった。大泊ミツフさん。戦争マラリアで家族16名を失い、一家でたった一人だけ生き残った女性だ。

波照間島は、戦争マラリアで当時の波照間全住民の99・8％にあたる1587人がマラリアにかかり、このうち30％相当の４７７人が死亡した（『一九四五年戦争に於ける八重山群島のマラリアに就て』八重山民政府、１９４７年）。１９９５年に竹富町が実施した再調査で、死者数は５５２人に引き上げられた。島民の３人に１人がマラリアで死亡し、八重山諸島の中で最も深刻な被害を受けた島だ。

島民たちが移住させられたのは、波照間の対岸、北約20キロの海に浮かぶ西表島だった。ジャングルが生い茂るその島は、全土がマラリアの有病地だった。波照間の強制移住は、石垣島よりも約２か月早く、１９４５（昭和20）年３月から４月にかけておこなわれ、移住生活は８月頃まで続いた。

戦争マラリアを調べるなかで、大泊さんの戦争体験記や新聞記事、テレビ番組を何度か見ていた私は、ぜひ、取材をお願いしたいと思っていた。私のドキュメンタリー作品の主人公にもなり得る人物と考えていた。

だが、大泊さんの連絡先を求めて石垣島の八重山平和祈念館を訪ねた私に、担当者は神妙な面持ちで口を開いた。

「わざわざ来ていただいたのにすみませんが、大泊さんは１か月前に亡くなりました」

ショックを隠しきれなかった私に、担当者は言葉を続けた。

「大泊さんは、亡くなる数年前から地域の学校などでも体験談を発表してくれていました。本当に残念です。毎年、こうして戦争マラリアの体験者が何人も亡くなっています。みなさん、もう80代、90代ですから…」

それでも波照間に行って、大泊さんの生きた証をわずかでも感じたかった。石垣港から波照間行きの高速船に乗り込んだ。窓の外には、サンゴ礁の美しい海が広がり、漁船や観光船がゆったりと行き交う。「波照間航路は特に波が荒いから気をつけて」と、船会社のスタッフから出港前に忠告を受けていたが、心配することはなさそうだ。

気を緩めていたのも束の間、徐々に船が大きく揺れ始めた。進行方向を見ると、船長席のフロントガラスから高波が押し寄せてくるのが見えた。まるで壁だ。「ぶつかる！」と身構えた瞬間、船は反り返って波を乗り越えた。そして登りきったところで、海面へと一気に急降下。「バターン！」と大きな音を立てて船腹が海面を叩いた。その瞬間、「ぎゃー」と観光客たちの叫び声が船中に響いた。だが休む間もなく、次の波が押し寄せてきた。

ジェットコースターさながらの船旅を続けながら南下すること1時間。船は波照間港に到着した。

私は船酔いで足元をふらつかせながら船のタラップを渡った。ふと足元をみて、息を飲んだ。海水が、海の底まで透き通って見えるほど、青く輝いている。太陽のきらめきが水面に踊る。3月とはいえ、すでに初夏の日差しだ。

港の待合所には「生ビール」の旗が南風にはためいていた。その向こうに、集落へと向かう一本の坂道が続く。道の両側に咲き乱れるハイビスカスの花々をたどって、坂道を登った。青いサトウキビ畑は潮風に揺られ、空は澄み切っていた。畑の中では、おじいさんおばあさんた

波照間島ニシ浜

ちがサトウキビの収穫に追われている。ザクザク、ザクザク、ザクザク…、鎌を振るう音が聞こえてくる。
畑から吹き抜けてくる潮風は、どこか甘い香りがした。
私はしばし、我を忘れて波照間の自然に浸っていた。

大泊さんの家は、島の中央北部にある集落「北部落」のはずれにあった。防風林に囲まれたそのトタン屋根の民家は、静まりかえり、物悲しく、誰も住んでいないことが一目で分かった。

「大泊さんは、亡くなる数年前から体験を語り始めたのに…」

平和祈念館の担当者が口にした言葉がふいに胸中に浮かんだ。

なぜ、大泊さんは語り始めたのだろうか。その理由を知りたかった。しかし、物音ひとつしない空き家を目の前にして、それを大泊さんから直接聞くことは、もう二度とできないのだと悟った。

その後、波照間島で戦争マラリアの体験者を訪ね歩いた。60代の体験者は当時のことをほとんど覚えていない。戦争マラリアが起きたのは65年前で、彼らは当時乳幼児から5歳だったのだから、明確な記憶がないのは当然と言えるだろう。必然的に、体験を語ってくれる人たちは70代後半から80代、90代の人たちに絞られた。

85歳の新盛良政《しんもりりょうせい》さんは、当時、波照間国民学校で代用教員をしていた。強制移住の日時や場所に関する詳細な質問をしたが、新盛さんはしばらく黙り込んだ末に、悲しげな笑顔を見せ、「ごめんよ、もうこの歳だから…。細かいことは全然思い出せない」とつぶやいた。

それが高齢化による記憶の衰退なのか、あるいは思い出したくない記憶だからなのか、私には定かではなかったが、体験者たちは気軽に体験を語ろうとはしなかった。それもそのはずである。島に暮らすほぼ全てのおじいさん、おばあさんたちが、家族を戦争マラリアで失っていた。それも一家庭に5、6人以上である。両親や兄弟が全員亡くなり、自分一人だけ生き残ったという人も珍しくなかった。

体験者たちを訪ね歩き、気がつけば夕方になっていた。そろそろ取材を切り上げて宿泊先のる。

民宿に戻ろうと集落内を歩いていると、道の向こうから歩いてくる一人のおばあさんの姿がみえた。畑からの帰り道だろうか。農作業着に、足元は裸足だ。その片手で大きな魚を握ってい

「畑から帰ってきたのに、なぜ魚を持っているのだろう…」

些細な興味を抱いた私は、おばあさんへ近づいて行った。

「こんにちは。私、今日、初めて島に来たんですが…。あの…、それは何という魚ですか？」

「あぁ、これね？　カツオだよ。さっき近所の人からもらったさーね」

そう言うと、浦仲孝子さんは三角形のクバ笠の中から、にこりと微笑んだ。日に焼けた頬には、深いしわが刻まれていた。

「あんた、内地の子ね？　カツオをさばくから、夕飯を食べていきなさい」とお誘いを受けて、自宅にお邪魔した。孝子さんは、大泊さんの家から３００メートルほど離れたところに住んでいた。

孝子さんは台所に立つと、手早くカツオをさばき、手作り豆腐の味噌汁、島ニンジンの炒め物と、次々と新鮮な料理で食卓を飾った。初めていただく島の食事を堪能しながら、私は戦争マラリアの取材のために波照間に来たことを孝子さんに伝えた。

「あがやー、あの時は大変だったさー」

そう言って、孝子さんは両目をぎゅっとつぶった。孝子さんも戦争マラリア体験者だった。

強制移住当時、孝子さんは国民学校を卒業したばかりの13歳だったという。移住先の西表島

手作業で収穫したモチキビを分別する浦仲孝子さん（2010年6月）

で14歳の誕生日を迎えた。もともと11人の大家族だったが、戦争マラリアで両親、兄弟、祖父母、合わせて9人を一度に失ったという。戦後は唯一生き残った4歳下の妹と二人で生きてきた。

亡くなった家族のことを尋ねると、孝子さんは言葉を詰まらせた。

「お父さん、お母さん、兄弟みーんな、マラリアで亡くなったさーね…。でも、あの時は悲しいという気持ちなんてなかったよ…。明日は自分が死ぬと思っただけ…」

そう、小さくつぶやいた。

わずかに曇った孝子さんの表情を、私は忘れることができなかった。

3か月後の2010年6月、私は再び波照間を訪ねた。梅雨が開けた波照間には、真夏の太陽が降り注いでいた。孝子さんは農作業小屋の中でひとり、収穫したばかりの「モチキビ」を手作業でふるいにかけていた。「モチキビ」は米粒よりも小さな黄色のキビで、波照間の特産品のひとつだ。品質の悪いキビが混ざらないように、ひとつひとつ指で丁寧に分別していく孝子さんの姿に、私はビデオカメラを向けていた。

改めて戦争マラリアの体験を聞こうとすると、孝子さんは言った。

「あがやー…、あの時のことは、言い切れないさ。どんなにして生きてきたと思うか？」

それ以上語ろうとしない孝子さんは、いま現在でも、胸中に複雑な思いを抱えているのだと、私は悟った。家族9人を一度に失い、戦後もずっと島で生きてきた孝子さんの姿は、私にとって、戦争マラリアの悲劇そのものを物語っているように感じた。

それを映像で伝えるには、東京と沖縄を往復する短期間の取材では不十分だと思った。一緒に暮らしながらドキュメンタリーを撮りたい。戦争マラリアの体験を、それを生き抜いてきた人たちの肉声を映像で残したい。ほとばしる思いを私は手紙にしたため、東京から孝子さんに送った。２０１０年10月のことだ。

夫の浦仲浩さん（87）から快諾の返事が来たのは、手紙を出してから約１か月後のことだった。

「今日から家族として、苦楽を共にしましょう」

２０１０（平成22）年12月19日。高潮のため欠航が続いていた波照間航路が、いよいよ運行再開となった。孝子さんがすっかり忘れていた約束の日から2日後のことだ。

到着した波照間港の待合所には、９か月前に初めて波照間に渡った時に見た「生ビール」の旗が、あの日と全く同じように潮風に揺れていた。だがその風はひんやりと冷たい。南の島とはいえども、季節は巡り、冬がやってきていた。

石垣島で買った中古自転車に荷物を積んで、孝子さんの家を目指した。実家の千葉県から持参したのは手土産が詰まったバックパック、小型ビデオカメラと三脚、そして趣味の三線。これで来年の夏まで過ごす予定だ。

サトウキビ畑の中に続く一本の坂道を、自転車を押しながらひたすら登り続けた。見上げた空は青く、眩い光が降り注いでいた。波照間の空は、初めて訪れたあの日から何も変わっていなかった。光も、においも、畑を吹き抜ける風も、空も、海も。

坂を登り切ると、集落に入った。波照間には島の中央に5つの集落が集まっていて、島の人たちはこれらを「部落」と呼ぶ。港から坂道を登ると最初にたどり着くのが「名石《ないし》」部落。観光客に人気のビーチ・ニシ浜にほど近い「富嘉《ふか》」部落。島の中心部にある公民館や広場などを挟むように「前」部落と「南」部落があり、そして港から一番遠く離れた「北」部落に、浦仲家がある。

浦仲家は沖縄らしい平屋づくりの家だ。ふと見ると、玄関の戸が開いていた。中に孝子さんの姿が見えた。

「孝子さん、こんにちは！　来ましたよ！」

再会の喜びいっぱいに、私は家の中へ入った。

振り返った孝子さんは「あぁー！」と声をあげると、ほっぺたを膨らませて微笑みながら私のところへ近づいてきた。そして、私の肩にポンと手を添えると、こう言った。

「…忘れた。あんた、誰か？」

私は、一瞬何が起きたのか分からずに、呆然とした。

「いや…、えっと、私は…大矢と申しますが…」

孝子さんは私のことを完全に忘れていた。なんとか思い出してもらおうと、9か月前に夕食をご馳走になったことや、戦争マラリアの体験を取材させてもらったことを話してみたが、孝子さんは「あんた、賢いねぇ。よく覚えているさ」と、ただただ感心し続けていた。孝子さんと一緒に過ごした時間は、もしかしてただの夢だったのかもしれないとすら私には思えてきた。

「手紙が届きませんでしたか？　東京の学生で、戦争マラリアの取材をしたいので、一緒に住まわせて欲しいというお願いの手紙を書いたのですが…」

浩さんと孝子さん（2010年12月）

そう私が言うと、孝子さんは「あぁ、あれ、あんただったねぇ?」と、手紙の送り主と私が一致したようだった。

「あの手紙もらった時よ、あんたのこと誰だったか分からなかったさーね。でもよ、一緒に住みたいと言っているから、「来たいなら来たらいいさ」って、私はじいさんに言ったんだよ」

そう孝子さんは笑った。私は、記憶にもない全くの他人をこうして自宅に受け入れてくれたことに、言葉にならない感謝の気持ちでいっぱいになった。


波照間初日の晩、夫の浩さん、孝子さん、私の3人で食卓を囲んだ。

波照間近海で獲れたマグロの刺身と、波照間の海水から苦汁をとって作ったという手作りの豆腐が並んだ。

「今日はお祝いだから」と、浩さんが缶ビールを私の前に置いた。私のためにわざわざ売店で買ってきてくれたのだ。浩さんは波照間の島酒「泡波」を自分のグラスに注ぐと、私にこう言った。

「今日から家族みたいにやるから、貧しい家だけど苦楽を共にしましょう」

私は、受け入れてくれたことについて、心から感謝の思いを二人に伝えた。


そして、気になっていたことを浩さんに聞いた。どうして二つ返事で居候を受け入れてくれたのだろうか。

「あんたから手紙をもらった時、初めは悩んださ」

そう言うと、浩さんは「でも」と言葉を続けた。

「波照間では、子どもたちは中学校卒業後、高校進学のために島外に出ていく。島には中学校までしかないから。ぼくらの子どもたちも、高校から石垣島に出て、大学は沖縄本島や県外に出て、人様にお世話になって成長してきたから、ぼくもできる限りのことはしたいと思ったんですよ」

浩さんは、グラスに注いだ泡波を私に向け、乾杯の仕草をした。

「だから、これから半年間、家族と同じくやりましょう。そして、長いあなたの人生の中で、いつか、あんなことあったなと思い出して欲しい。そして、波照間で勉強したことを社会に還元してください」

浩さんにそう言われた時、私の心にぽっと火が灯った。人は、誰かの優しさに触れて心が豊かに、優しくなるのだと、この時、実感した。

「戦争マラリアのこと、しっかり勉強させてください」

深く頭を下げた私をみて、二人はにこりと微笑んだ。


就寝前、布団に入った私のもとへ孝子さんがやってきた。

「明日の朝はサトウキビ畑に行くから、5時半に起きれよー」

島の人たちの戦争体験を聞くならば、島の人たちの生活の営みを体験したい。きちんと人間関係をつくりながら、取材をしたい。そのために、私はサトウキビ農家である浦仲夫妻の畑仕事を手伝うことにした。

島の人たちと時間を共にしながら、ゆっくり、しっかりと、ドキュメンタリーを作っていこう。そう心に誓い、目を閉じた。

初めてのサトウキビ刈り

翌朝、眩しい光で目を覚ました。布団から起き上がると、寝室のふすまの隙間から蛍光灯の光が漏れていた。台所に立つエプロン姿の孝子さんの姿が見える。枕元の時計を見ると、午前6時半とある。約束の時間から1時間も寝坊してしまった。

台所に行き、「今朝5時半に起きると約束したのに…、ごめんなさい、寝坊してしまって」

と言うと、孝子さんは、「いやぁ、5時半か6時くらいに起きたらいいさ」と笑った。

「でも、今もう6時半だから…」と私が申し訳ない気持ちで言うと、孝子さんは「あぁ、そうねぇ？」と笑う。

「6時か6時半くらいに起きてもいいさ」

孝子さんは1時間の差なんて問題ないという。数日前まで東京で分単位で生活していた私にとって、そんな些細な会話ひとつが、島の生活の始まりを感じるものだった。


カーテンを開けると、窓の外は真っ暗だった。窓を開けて、冷たい空気を胸一杯に吸い込む。見上げた空には、まだ星が瞬いている。やがて、波照間の朝がやってくる。人工的な音が何一つ聞こえない、静まり返った夜明けだ。

孝子さん、浩さん、私の3人で食卓を囲む初めての朝食は、食パンとゆで卵とコーヒーだ。この日から私は「コーヒー係」に任命された。孝子さんいわく、「あんたはコーヒーに責任がある」らしい。

朝食のあと、孝子さんがタンスをごそごそと探しながら、「これよ、あんたにと思って用意していたんだけど」と、新品の農作業着、そして「日に焼けるから」とクバ笠をくれた。

「ほれ、農民になぁ〜れ」

私のあごの下でクバ笠の紐を結びながら、孝子さんが呪文を唱えるように言う。その言葉どおり、私は全身サトウキビ農家スタイルになった。

弁当を持って、浩さんが運転する軽トラの荷台に乗り込んだ。集落を出ると、サトウキビ畑が一面に広がった。海の向こうから朝日がゆっくりと昇ってくる。潮風に揺れる葉の隙間から、朝の光が漏れる。一瞬一瞬の光景が、まるで映画のように流れていく。

午前8時前に畑に到着すると、おじいさん、おばあさんたちが集まっていた。今日から一緒に「キビ刈り」をする仲間である。

メンバーは宮良家の夫婦、通事《とうじ》家の夫婦、崎山家の夫婦と息子、そして浦仲家の夫婦と私。みんな隣どうしに住むご近所さんであり、親戚どうしでもある。この9人がチーム「北2班」だ。「北」は北部落のことで、その中の「第2班」という意味だ。

波照間では、それぞれの部落ごとに班がつくられ、班内で「今日はあの家の畑」、「明日は我が家の畑」と、各家々が所有する畑を、もちまわりで収穫するのだという。収穫が始まる12月から翌年の3～4月に収穫が終わるまで、それを繰り返す。沖縄ならではの助け合いのシステムだ。「波照間ではユイマーリというんだ」と、浩さんが教えてくれた。

午前8時になるとサイレンが鳴り、全島一斉にキビ刈りが始まった。

畑には、2～3メートルに成長したキビの幹が、通称「バリカン」と呼ばれる収穫用機械で根元から刈られ、ドミノ倒しのようになぎ倒されている。それを一本一本引き出し、枝葉を削ぎ落とすのが、キビ刈りの基本作業だ。

サトウキビは島の主要産業

畑仕事中の孝子さん

使うのは、キビ刈り専用の二股の鎌で、ちょうどハサミを開いたような形をしている。ふたつの歯の間に幹を通し、余分な枝葉を取り除く。一通り綺麗になった幹は、一か所に集め、1・5メートル程の山になったところでロープで縛りあげる。それをトラックが製糖工場まで運ぶという流れだ。

作業中のおじいさんおばあさんたちを見ていると、実に単純な作業にみえるのだが、実際にやってみるとなかなか難しい。身長160センチの私の倍以上あるサトウキビの幹を持ち上げるのは体力がいる。だんだんと腰が痛くなり、鎌で同じ作業をひたすら繰り返すため、手首も痛み始めた。

だが、80歳を越えたおじいさんおばあさんたちが黙々と働いているのに、最年少の私が弱音を吐くことなどできない。みんなが少しでも楽になればと、不慣れな手付きで必死にキビを刈った。

畑では、ラジオも音楽も、スマートフォンも、インターネットもない。聞こえてくるのは、サトウキビ畑を吹き抜けていく風と、鎌を振るう音だけだ。体は忙しくても、頭はだんだんと時間を持て余すようになっていた。1時間がたつのが永遠にすら思えてくる。

「キビ刈りしながら何を考えているんですか?」

たまりかねた私は、隣で作業をする宮良フジさんに聞いてみた。するとフジさんは、「何も考えていないさ」と即答した。

孝子さんに同じ質問をすると、「近くの人にキビが当たらないようにとかさ」という。二人ともなんでそんなこと聞くんだとでも言いたげな表情だ。数日前まで携帯やパソコンが欠かせない都会生活をしていた私にとって、これは大きな試練だった。

作業が終わるのは午後5時。その間に、昼食の1時間、そして午前10時と午後3時にそれぞれ15分間の休憩が入る。休憩時間を知らせる笛が鳴ると、みんなキビ畑の一角に集まって、さんぴん茶を片手にお菓子や黒糖をかじった。私は疲労困憊のあまり、食べる気にもならず、ごろりとキビ畑に寝っ転がった。

天高い冬の空の中を、ゆったりと流れていく白雲を見つめた。ふと、東京の生活を思い出した。東京でも、この地球のどこの大都市でも、全ての喧騒を剥ぎ取った後にはこの青空と静けさが残るのだろうか。

「私がこれまで生きてきた星は、こんなにも美しいところだったんだな…」

そんなことを、つくづくと感じていた。

正月があけると、波照間は雨季に入った。しかし、雨の中でも、風の中でも、キビ刈りは続く。毎日8時間。休みは3~4日に一度だけだ。私の体はいよいよ限界に達していた。

その日の朝、畑に向かう前、孝子さんが気乗りしない表情の私を見て、「あんた、今日は休め」と心配そうに言った。しかし、高齢の浦仲夫妻が畑に行くのに私が疲労を理由に休むわけにはいかない。レインコートと長靴を履いて、浩さんの軽トラの荷台に乗り込んだ。

雨が染み込んだ畑は水田のようになっていた。一歩踏み込めば、ずぶりずぶりと長靴が飲み込まれ、力を込めて引き抜くと、今度は反対の足が土に沈む。雨で湿ったキビの葉はべったりと幹にくっついて、なかなか剥がせない。何度も鎌を滑らせて、ようやく1本が仕上がる。晴れの日の作業の2、3倍の時間がかかる。体が重い。腰も痛い。

最南端の島とはいえ、1月の雨は冷たく、体温が奪われていった。いつも畑を飛び回っているカラスたちは、全身びしょ濡れの惨めな姿でキビの葉の下にうずくまっている。私は寒さに震えながら、何度も鎌を振るった。

ふと横目で孝子さん、浩さんを見た。黙々とキビを折り続けていた。クバ笠から滴る雨水がふたりの肩にぼたぼたと落ちる。身長140センチほどの小柄なふたりが、いつも以上に小さく見えた。

「こんな大変な生活を戦争マラリア体験者たちは、ずっと続けてきたのか……」

戦後66年という気が遠くなるような時間と、ふたりの人生そのものが、サトウキビ畑の中に流れているように感じた。

そうして畑で一緒に働く日々の中で、私は孝子さん、浩さん、そして島の人々を「おじい」「おばあ」、島の言葉では「ブヤー（おじいさん）」「パー（おばあさん）」と呼ぶようになった。孝子おばあ、浩おじいは私のことを「ハナヨー」と沖縄独特の語尾を伸ばす言い方で呼び、島の人々は私のことを「ウランゲーヌアマンタマ」と呼ぶようになった。これは島の言葉で「浦仲家の女の子（末っ子）」という意味だ。

ベスマムニ

波照間の言葉は「ベスマムニ」と呼ばれる。「ベー」＝「私たちの」、「スマ」＝「島」、「ムニ」＝「言葉」で、「私たちの島の言葉」という意味だ。島のおじいおばあたちの会話はほぼ全てベスマムニだ。

「ベスマムニと日本語、どちらで話すのが楽？」

そう孝子おばあと浩おじいに尋ねると、孝子おばあは「ベスマムニさ」と言い、浩おじいは「どちらも同じ」と言う。しかし、二人とも「標準語を話す時は、ベスマムニを直訳して話している」と言う。孝子おばあは、私と話す時に直訳を考え過ぎているせいか、目をぎゅうぎゅうと絞りながら、悩んだ。

「やまとぅむにし、ぬーたるえんたるまぁ（大和言葉＝日本語で何て言ったらいいんだろう）」

それでも私に伝わらない時には、「あっがやー」と、ため息交じりに言った。これは英語の「オーマイガッド」に近い。

ベスマムニを「ヤマトゥムニ（大和言葉＝日本語）」に直訳するととんでもない誤解が生じることもあった。例えば、ある日、いつものようにおじいおばあたちとキビ刈りをしていた時のことだ。汗水流して働く私の姿を見ながら、孝子おばあが笑顔でこう言った。

「ハナヨー、あんたは尻軽な娘だねぇ！」

困惑する私をよそに、周りのおじいおばあたちも深く頷きながら、「おー、尻軽な娘やした！」と笑顔を向けた。これはベスマムニの「シッピカラハーピトゥ（尻が軽い人＝座っていないでせっせと動く人＝働き者）」の直訳だと、後ほど浩おじいから教わった。

私にとって、ベスマムニはまるで外国語だった。しかし、島の日常会話はベスマムニでありながら、私と話す時に一生懸命標準語を話してくれるおじいおばあたちの姿を見ると、感謝の気持ちと同時に、申し訳ない気持ちになった。

いくら流暢に「ヤマトゥムニ」を話せる人でも、心の中の深いところ、柔らかい部分にある思いや記憶や本当の気持ちは、ベスマムニで表現したいはずだと感じたからだ。それが戦争マラリアという、悲しく、辛い体験を語る時ならばなおさらだ。

私は三線で八重山古典民謡を習うことにした。民謡を通じて、ベスマムニを習うためだ。先生をかって出てくれたのは、島で三線教室を開いている野底光子さん（69）だ。島のみんなからは「みっちゃんおばあ」の愛称で呼ばれている。みっちゃんおばあは「赤馬節」「鷲ぬ島」「鳩間節」などの八重山古典民謡をはじめ、「波照間島節」など島の唄を次々と教えてくれた。

「ハナヨー、あんた、おばあの声をしっかり聞いて、耳で覚えれよ」

みっちゃんは口癖のように言った。みっちゃんおばあいわく、八重山の唄は、畑仕事中の農民たちの掛け合いや、人生の苦しみや悲しみから生まれた叙情歌だ。もともと生活の中に唄があり、そこに三線が後から加わったのだという。だから、三線の弦を爪弾くタイミングと歌声が合わない。それが、八重山古典の「味」なのだという。

「ハナヨー、あんた、おばあの声になりなさいよ。歌が一番さーね。三線は横に置いておいてもいいんだよ」

みっちゃんおばあは稽古のたびに、口癖のように私にそう言った。私はもともと外国語学習が得意ということもあり、また興味関心があるものはとことん追究する性格もあり、三線と古典民謡、ベスマムニの世界にのめり込んでいった。


サトウキビ畑はベスマムニ学習のために最適な場所だった。私と浦仲家が加わっている「北2班」は波照間の中でも特に高齢者が多い班だ。それはつまり、ベスマムニの「ネイティブスピーカー」から正しい発音を直接学ぶチャンスでもあった。

ある日のこと、畑で昼食のお弁当を食べたあと、通事幸子おばあと二人で草むらにごろりと寝っ転がった。

「幸子パー、ベスマムニ、ナラヘタボリー（幸子おばあ、波照間言葉教えてください）」と私が言うと、幸子おばあはお腹をぽんぽんと手で叩きながら「バッタチャン」と言う。これは、「満腹」という意味らしい。

私が「虫のバッタに似ているから覚えやすいね。「満腹のバッタ」で覚えたから、きっともう一生忘れないよ」と言うと、幸子おばあはきゃっきゃっと子どものように声をあげて笑った。

畑に寝転びながら見上げた空は、どこまでも青く晴れ渡っていた。幸子おばあが言う。

「空はベスマムニでシンと言うさーね」

私は「シン」と、日本語の『シ』とは微妙に違うその独特の発音を真似て発音してみた。

「シンって、なんだか、神様みたいな名前だねぇ…」

ふと思ったことを私が言うと、幸子おばあは「あはは、おっかしいねぇ!」と小鳥のような可愛らしい声を上げて笑った。

「ふくるふくるしかえーな」

幸子おばあが寝転んだまま両手でぽんぽんと草むらを叩きながら言った。「ふくるふくる」は「ふかふか」。「ふかふかで気持ちいいなぁ」ということだった。

キビ畑の中のおじいおばあたちのおしゃべりは、波照間の風や自然のリズムにぴたりと合う。ベスマムニには、この島に生まれ、生きてきた人たちの生活や自然の営みが込められ、今日まで受け継がれてきたものだからだろう。

郷に入れば、郷に従う。言葉も同じ。私に分かるように日本語で喋ってもらうのが当たり前と思うのは傲慢で、本来はおじいおばあたちに感謝すべきことだ。ベスマムニを学ぶほどに、そんな気持ちが増していった。

そのことを浩おじいと孝子おばあに伝えると、二人は「あんたは現代の子なのに、なにが方言分かりきれるかー?」と笑いながらも、私の気持ちがよほど嬉しかったのだろう、ことあるごとにベスマムニを教えてくれた。

最初にふたりから習ったのは「ニーハイユー」。これは「ありがとう」という意味だった。

波照間に来て2か月が経ったある日の夕食の時、浩おじいが晩酌をしながら言った。

「ハナヨー、我が家に来てくれてありがとう」

ほろ酔い気分のおじいはほっぺを赤くして、黒豆のような瞳を潤ませていた。

「違うよ、ブヤー。ありがとうは私の台詞だよ」

そう言って、私は心からおじいおばあに感謝を伝えた。

ベスマムニを完全に理解できるのは、戦争マラリアを経験したおじいおばあたちの世代だ。彼らがいなくなってしまったら、いつかこの島の言葉も消えてしまう。それは、島にとって計り知れない大きな意味がある気がした。高齢化によって失われるのは、戦争体験者たちの肉声だけではないのだと知った。

戦争マラリアが孝子おばあから奪ったもの

波照間で暮らし始めて数か月がたっても、孝子おばあは戦争マラリアの体験について口を開くことはなかった。私も積極的に聞かなかった。時間をかけておばあのこと、波照間のことを知ってからきちんと取材をしたいと思っていた。

私が知っていたのは、おばあが13歳の頃にマラリアで家族11人のうち9人を失ったこと。戦後は4つ歳下の妹と二人で生きてきたこと。そして20歳の頃、波照間出身の浩おじいと結婚。浩おじいは戦時中、台湾で鉄道の機関士として働いていて、戦争マラリアは経験していなかったこと。後継がいなくなった浦仲家を再建するために、新城《あらしろ》家から婿養子としてやってきたことだった。

孝子おばあが戦争マラリアの体験を語らずとも、その爪痕は日常生活のところどころに存在していた。

ある日の夜、私が寝室で日記を書いていた時のことだ。部屋の障子がすっと開いて、おばあが「ハナヨー」と言いながら入ってきた。

「勉強していたかー?」

「いや、日記を書いていたんだよ」と私は答えたあと、

「おばあは日記とか書かないの?」と何気なく聞いた。

おばあは、まるで秘密を告白するかのように、恥ずかしそうに語り始めた。

「わたしも書きたいけどよ、あんまり字も上等に書けないのに…、漢字もあまり知らないのに。戦争中、勉強なんてできたか? 毎日、竹槍訓練ばっかりだったのに。マラリアのあとは、学校にも行けなかったのに…」

ああ、そうかと、私はこの時、初めて気が付いた。おばあは13歳までしか学校に通えず、戦

後も学校に戻ることができなかったのだ。

おばあはこれまで2回、裁判員裁判に選ばれたそうだ。だが、どちらも断ったと言う。漢字が分からないからだと言う。そのことを恥ずかしそうに「わたしはボンクラだのに」と話すおばあは、笑っているのに、ひどく悲しそうだった。


また、ある日の夕食後のことだった。私は孝子おばあと二人でニンニクの皮むきをしていた。日常の風景として、私はこの瞬間をビデオカメラで撮ることにした。私は何気なく、おばあの子どもの頃の話を訊いた。

「おばあの家族の写真はないの?」

「ないさー。なにがぁ、あの時代、波照間に写真なんてものがあったか? ないよ」

おばあは笑いながらそう言うと、そのまま黙った。私はもう一度尋ねた。

「おばあのお父さんって、どんな人だったの?」

おばあは言葉が見つからないといった様子で小さく微笑んだ。

「頭にはあるけどよ…、うまく言い切れないさー…」

そして、ポツリと言った。

「寂しいよ」

おばあの口から寂しいという言葉を聞いたのは、初めてだった。

「どうして?」と尋ねると、おばあは言う。

「今の人たちは、家族の写真がいっぱいあって、羨ましいよ。ハナヨー、あんたなんか、幸せもんさ」

家族の思い出は全て、心の中にしかない。そしてマラリアで亡くなった家族のことや戦争のことは、ずっと長い間、誰にも言えなかったとおばあは言う。

「新聞記者がよ、訪ねてきて、戦争マラリアの体験を教えてーと言ったけどよ、わたし、言えなかったさぁ」

おばあは口に出して言えないだけで、家族を失った悲しみや寂しさは、13歳の少女の時のまま変わっていないのだと、私は感じた。

その夜、おばあが「足が痛い」と言うので、マッサージをしてあげた。おばあの素足は、まるで木の根っこのように堅く、土踏まずもない。「昔キビの束を落としてしまったから」という足の爪は割れて変形していた。おばあの人生が、そこに詰まっている気がした。母を亡くし、父を亡くし、兄弟を亡くし、それでも必死に畑で働いて、今日までおばあは生きてきたのだ。

「いつの間にばあさんになったかねぇ…」

そうおばあが呟いた。


翌日、無性に海が見たくなり、自転車を走らせて、海岸に行った。

島の北方にあるビーチ、ニシ浜。曇り空の下だというのに、その海は息をのむほど青く輝いていた。その海の向こうに、そびえ立つような西表島が浮かんでいた。波照間の人たちが移住を強いられた、かつてのマラリア地獄の島だ。

もし軍が強制移住をさせなければ、今頃、おじいおばあたちはどんな人生を送っていただろうか。波照間はどんな島になっていただろうか。

きっと多くは、今日のようにサトウキビ畑で汗水流して生きていただろう。でも、そこには家族がいたはずだ。兄弟、姉妹がいた。孝子おばあの手元には、親や兄妹の写真がたくさんあっただろう。

波照間の強制移住

西表島への移住は、1945(昭和20)年3~4月にかけて始まった。移住地に住居用の丸太小屋を建てるため、若者たちが第一陣として西表島へと渡り、準備が整った家庭から順番に海を渡っていった。

強制移住から65年がたった2010(平成22)年4月8日、私は波照間の漁師・新城清喜さんにお願いして、波照間から西表へと船を出してもらった。強い北風に吹かれ、漁船は左右に大きく揺れ続けた。振り返ると、白波の間に波照間島が小さく浮かんでいるのが見えた。

65年前の同じ日、当時の人々もこうして潮風を切り、西表島へ向かったのだろうか。これから西表島で「マラリア地獄」を経験すること、終戦後もマラリアで苦しみ、次々と死に絶え、最終的に、全島民の30％に及ぶ約５００人の命を失うことになるなど、誰が予想していただろうか。

「当時、僕はわんぱくな子どもでしたから、疎開と聞いてワクワクしていたよ。波照間を出るのは初めてだったから」

そう語ったのは、当時12歳だった野原広栄さんだ。

「西表島には恐ろしいマラリアがいると大人たちから聞いたけど、どんな病気かも分からなかった。喜んで船に乗った」

当時は立派な漁船などなく、小さな木造のカツオ漁船６隻に身を寄せ合うようにして乗り込んだという。乗っていたのは女性や子ども、高齢者ばかりだった。島の男たちは徴兵され、島外に出ていたからだ。

真昼の移動は空襲にあう危険があるので、西表島へ渡るのは真夜中だったという。その時の様子を当時６歳だった金武榮保《きんえいほ》さんは今もはっきりと覚えている。

「あの日は、風はなかったよ。海がべた凪でね、たらいの水みたいに、ぴたーっとしていた。見上げたら、星が綺麗でねぇ…。ぽんぽん船に16人くらい乗り込んだ。船から蒸気の雲が出るから、婦人会のお母さんたちが「アメリカーに見られる」「敵に見つからないように」と。僕はまだ子どもだったから、星があまりに綺麗で、一番星、二番星と数えていた」

そんな中に当時13歳だった孝子おばあもいた。父親は防衛召集で石垣島にいて不在で、祖父

かつてのマラリア有病地・西表島南風見田。
海岸沿いに広がるジャングルの中に波照間の人々は
小屋を建てて移住生活を送っていた

母や兄妹たちは先に西表に渡り、移住生活を始めていた。4月末、最後の移住組として、少女は母親に手を引かれ、カツオ船に乗り込んだ。船は、西表島の「カニオバタ」という砂浜に着岸した。

「船から覗き込んだら、海が深く、青くしていたさーね。青くしておったよ」

その海の美しさに少女は息を飲んだ。そこから歩いて南風見田《はえみだ》へと向かったという。

南風見田は、今では美しいビーチやキャンプ場として観光客に人気の場所だが、当時はジャングルが生い繁る悪性マラリア有病地だった。西表島西部の古見《こみ》や、マラリア無病地の由布《ゆぶ》島へ移住した一部の住民たちを除き、多くが南風見田に移住した。

移住生活は、半年間にわたった。ジャング

ルの中に建てられた粗末な丸太小屋で、波照間から運んできた食糧を共有しながら、身を寄せ合って暮らしていたという。その時の様子を上里キヨさんはこう語る。

「竹を編んだ床の上にムシロを敷いただけの小屋だった。一棟の小屋に10軒の家族がぎっしり詰まって寝ていた。夜中に子どもが泣いたら「敵の飛行機に見つかるから、泣かすな」と喧嘩するんですよ。うちの父は「ここはマラリアのある島だから、マラリアにやられるか、飛行機にやられるか、どちらかだよ。生活するにしても、みんなで仲良く」と言い聞かせていた」

しかし、移住開始から1、2か月が経ち、だんだんと暑さが増してくると、マラリアが蔓延し始めた。十分な栄養も薬もないなかで住民たちは次々と倒れていった。幼い子どもや高齢者が真っ先に息を引き取っていったという。しかし、葬式をする余力もないなか、遺体はジャングルの中や海岸の砂地に埋められた。

当時6歳だった金武榮保さんは、4歳の妹が亡くなった時のことが忘れられない。

「波照間の青年5、6人が妹を埋葬したんだけど、僕は「なんで妹を埋めるか?」と言って、掘り出しに行ったんだよ。人が死んだのも見たことなかったし、マラリアとも分からなかったから。そしたら青年団が来て止められてね。「妹は亡くなったんだから、こんなことをするな」と…」

6月23日に沖縄本島で日本軍・第32軍司令官らが自決し、沖縄戦が組織的に終結したあとも、西表での移住生活は続いていた。

東田シモさんは晴れた日には南風見田の海岸に立ち、故郷の島影を見つめたという。

「帰りたかったさ…。いつ帰れるかなぁと、波照間を見ながら、まちかんてぃ（待ちわびていた）」

8月、ついに波照間への帰島が許された。住民たちはマラリアに侵された体を引きずるように故郷に戻る。だが、そこには食糧は何もなかった。住民たちは、栄養失調と医療不足のなかで、さらなる犠牲を強いられていく。

「当時のことを考えると、夜眠れない時もある」

そう話すのは、当時13歳だった東金嶺《ひがしかねみね》健吉さんだ。

「食べ物がないから、ソテツの木を切って、外の皮をむいて、中のデンプンを煮て食べたんだよ。食事は一日一食だけ。ひもじくて堪らん」

弟と両親をマラリアで亡くし、自身も死の淵をさまよった。死にゆく母の顔が今も忘れられないと言う。

「『お母さん死なないで!』と僕は泣いていたけど、自分も高熱でへこへこ。いくら泣いても熱は下がらないし。水で冷やすしかない。芭蕉の葉は冷たいから、それを枕にして眠った」

また、上里キヨさんはこう語る。

「地獄から這い出してきたようなものでした…。骨と皮だけ、（高熱で）頭の毛もみんな取れた。自分は死ぬということも分からない。親であろうが、兄弟であろうが、めいめいがそれぞれの苦しさを耐えているだけ」

「あの時のことは思い出したくないさ。だけど、わたしが死んだら全部なくなってしまう。だから辛いけど話す」

西里スミさん（85）は声を震わせてこう言った。

「疎開から帰ってきた後、人が次々と亡くなるでしょう。近所の家に行ったらよ、お父さんが床に倒れて死んでいた。トイレからの帰りにそのまま（うつ伏せで）倒れて。そして、向こうでよ、男の子が「水飲みたーい、水飲みたーい」と大声あげて泣いてよ。あぁ、忘れられない…。棺も全然間に合わないから、毛布にくるんだだけ」

当時、西里さんが事務員として働いていた波照間国民学校では、戦争マラリアで児童66人が亡くなった。

「西表から波照間に戻って1年後、学校が再開するでしょう。だけど、子どもたちはうんと減って…。本当に可哀想だった」

「あんたには分からないよ」

私が孝子おばあの家族の死について知ったのは、偶然見つけたある新聞記事がきっかけだった。

私は戦争マラリアに関する過去の調査書や新聞記事など大量の資料を、沖縄国際大学の石原

強制移住を経験する前、国民学校に通っていた頃の孝子おばあ（写真後列左）
孝子おばあが持っている唯一の戦前の写真

昌家教授からお借りしていた。石原教授は、この問題を追究してきた第一人者である。体験者たちのインタビュー記事を読んでいた時、偶然、「浦仲孝子さん」という文字を見つけた。おばあのインタビュー記事だった。添えられた写真には、20年前のおばあが居間に正座して写っていた。

私は、以前、孝子おばあが「戦争マラリアの話をしてほしいと新聞記者が来たけど、うまく言えなかったわけさ」と話していたことを思い出した。この記事に違いなかった。

おばあが「うまく言い切れない」という13歳の時の記憶が、その記事には書かれていた。

マラリアの犠牲になった家族9人のうち、最後に亡くなった父親のことだった。

病床の父は「自分が死んだら、これを持って親戚を訪ねて、埋葬を頼みなさい」と幼い娘に十円札を握らせ、息を引き取った。それが、父として残していく二人の娘たちへの最後の愛情だったのだろう。少女・孝子はマラリアの熱に犯されながらも、十円札を握りしめて、近所の親戚を訪ねてまわった。

「父が亡くなったので、埋葬してください」

しかし、どこの家もみんな寝込んでいて、動ける状態ではなかった。体力が残っている人たちも、遺体の埋葬に追われ、浦仲家の埋葬を手伝う余力はなかった。少女は最後に親戚の勝連家へ向かったが、「埋葬で疲れ切っていて、今日はもうできない」と断られてしまった。少女は十円札を握りしめて、泣きながら元来た道を帰って行った。

記事を読んだあと、私は「マラリアのことは、もう昔のことだから、話せるんだ」と、以前、おばあがポツリと言ったことを思い出した。それでも、おばあはこの話を私にしなかった。それは、単に「うまく言い切れない」だけじゃないのかもしれない。言えない理由があるのだと思った。おばあの心の傷口は、戦後66年が経った今も、まだズキズキと痛むのかもしれない。

その数週間後のこと、私は、ビデオカメラをまわし、思い切っておばあに聞いてみた。

「おばあ、人生で一番苦労したことを教えて」

おばあは縁側に座って、収穫したモチキビを袋詰めしていた。

「マラリアの時さ」

とおばあは言った。

「ひでこ、すえこ、みよちゃん、トシ、かずお、としお…。兄弟は6人。じいさん、ばあさん、お父さん、お母さん…。11人家族。西表から波照間に帰ってきてから、みんなマラリアにかかって亡くなった。昨日は誰々、今日は誰々と…。私もマラリアにかかってよ、「あっつあーばぬんすぬんかやー（明日は私が死ぬのかな）」とだけ思っていたよ」

そう言うと、おばあは「あっちの畑によ」と、庭先を指差した。おばあがほうれん草やにんじんなどを育てている菜園があった。

「あの角によ、あの頃、防空壕があったさーね。その中に死体を入れたんだよ。墓まで持っていける人がいなかったから…。死んだまま家の中に置いておいたら、腐るでしょ」

そしておばあは、父が亡くなった時に十円札を握りしめて親戚の家々を訪ねたことを、この時初めて話してくれた。しかし、新聞記事に書いてあったような詳細は言わなかった。それを知りたい一心で、私はおばあに質問を続けた。しかし、おばあは語らない。その代わりに、おばあは少し厳しい口調でこう言った。

「あんた、わたしがこんなに話しても分からないでしょ」

ビデオカメラのファインダー越しに、おばあがまっすぐに私を見つめていた。

「あんた、「あんなことがあったかー」と思うだけでしょ。わたし、どんなにしていたと思うか？　ハナヨー、あんたには分からないよ」

私は、返す言葉が見つからないまま、狼狽した。うまくヤマトゥムニ（日本語）が話せないおばあは、自分の戦争体験を具体的かつ詳細に話すことはない。一緒に過ごしてきた日々のなかで、言葉ではなく、おばあの中にある「語れない記憶」を私の心で感じてきたからこそ、おばあに言われた「あんたには分からない」という言葉は私の胸に突き刺さった。

「想像はするよ。分からないから、想像する」

ようやく私が見つけた言葉は、ただそれだけだった。苦し紛れに、そんな言葉しか出てこなかったのだ。

ふと、一年前、波照間に短期取材にやってきた頃の記憶が、私の中で蘇った。今日と同じく、おばあと一緒にモチキビの袋詰め作業をしていた時、おばあは戦争マラリアの話をしながら「あんたには分からないよ」と同じ言葉を私に言った。私は、「分かるよ」と軽々しく返していた。そしておばあも、「分かるでしょ〜」と軽く言って、それ以上、マラリアの話をしなかった。

今日、同じ言葉を言ったおばあは、一年前とは違っていた。感情的だった。葛藤していた。言葉そのものが生きていた。私も「分かるよ」など、軽々しい言葉を言えなかった。どんなに分かりたくても、分かろうとしても、私には分からなかった。

私が「分かった」と思っているのは、私自身の想像と理解による産物でしかなく、おばあの本当の痛みではない。戦争体験を聞いて、自分なりに一生懸命想像して、おばあの痛みや苦しみを自分なりに受け止め、感じようと努力をすればするほど、おばあの中にある「語れぬ記憶」の存在をまざまざと見せつけられ、私は永遠に、どんなにおばあとの距離を縮めたとしても、おばあの中のその記憶に触れることはできないのだと気付かされた。

「戦争を知らない世代」である私自身の限界を知った。心がじくじくと痛かった。でも、この痛みを忘れたくないと思った。「知る」という行為の限界を前にした時に感じた歯がゆさ、寂しさ、悲しみ、何と表現したらいいのかさえ分からない感情のうねりを、「分からない」ということを、大事にしたいと思った。

モチキビの作業が終わる頃、私はおばあに心からの感謝の気持ちを伝えた。

「マラリアの話を教えてくれて、話したくないことを話してくれて、シカイトニーハイユー（どうもありがとうございます）」

おばあは、少し笑って、「あの時よぅ」と言葉を続けた。

「わたし、シラミも取ったんだよ。死んだ家族の」

13歳の少女が、床の間で生き絶えた家族の遺体を埋葬することも放置することもできないまま、次々と湧いてくるシラミを取る姿を想像した。生き残った小さな妹と二人だけで。想像すると、心が締め付けられた。

父の遺体は、最後は波照間の砂浜に埋めることになったという。浦仲家の墓はすでに亡くなった8人の遺体でいっぱいで、父親の遺体を入れる隙間もなかったからだ。さらに、マラリアで土を掘る体力もなく、砂浜を掘って埋めることしかできなかったのだ。

しかし、その浜辺も足の踏み場もないほど住民たちの遺体で溢れかえっていた。

「あの時、悲しいとも思わなかった。怖くもなかった」

そう語ったおばあは、今にも泣き出しそうな、悲しい顔をしていた。


その日の夜、私は日記にこう書き残した。

「今まで5か月も一緒におばあと暮らしてきたのに、今日初めて心が通った気がした。おばあの記憶の中だけに残っている痛みを、見せてくれた。私が心からの感謝を伝えた時、おばあの心に何かが届いたということなのかな。

ありがとう、おばあ。感謝しても、し尽くせない。自分勝手な作品は作れない。今の時代に生きる一人の人間として、使命をもって生きていきたい。

戦争マラリアで亡くなった3600人余りの人たち。みんなそれぞれが好きなこと、嫌いなことがある人間だった。愛する人がいて、愛されていた。生活があった。人生があった。

私が伝えたいのは、国家によって奪われたそれらの命だ。多くの人たちが忘れてしまっている今だからこそ」

島民の3人に1人にあたる、552人が死亡した波照間の戦争マラリア。

米軍の上陸も、地上戦もなかった島で、これほどまでの犠牲者を出した強制移住は、ある一人の男が引き金になっていた。

謎の男・山下虎雄

波照間には戦争マラリアで亡くなった子どもたち66人のための慰霊碑がある。西表島と波照間島の海峡が見渡せる小高い丘の上に建てられたその慰霊碑は、かつての移住地・西表島の南風見田と向き合うかたちで建てられている。

碑文に、その男の名前が刻まれていた。

「かつてあった山下軍曹（偽名）の行為は許しはしようが決して忘れはしない」

「山下」とは何者なのか。苗字からして、沖縄県外からやってきた「大和人（ヤマトゥピトゥ）」であることはすぐに分かった、と島の人たちは言う。

謎の男「山下」が波照間にやってきたのは、沖縄戦が始まる約3か月前、1944年の年末から正月頃だった。波照間青年学校指導員「山下虎雄先生」として赴任してきたという。その際、沖縄県から発行された辞令を持参していたという。

当時、山下先生に教わっていた人々は、「180センチメートルにも達するような長身」「がっしりした体」と口を揃えて言う。そして、共通して「とても優しい人だった」と印象を語る。

当時、波照間国民学校で山下先生に習っていたという鳩間スエさんは「とっても優しくて、飛行機みたいのを作ってくれたよ」と言う。

「みんな山下先生、山下先生と言っていたからよ。体もおっきかったさね。教えるのも上手だったさ」

波照間国民学校の事務員・西里スミさんは、職員室で日常的に山下先生と接していた。

「言葉（づかい）が優しかったんだよ。体がでっかくてよ。顔は面長。毎日木刀下げて、ズボンはカーキ色の7分丈。初めて見るヤマトゥピトゥでしょ？ ヤマトゥはみんなあんなかな、と思っていたけど…」

山下先生は青年学校で竹槍訓練や消火訓練などを指導していた。孝子おばあも山下先生から直接指導を受けた一人だった。

「竹を切ってきて、槍を作ってから、毎日竹槍訓練だったよ。藁人形に向かって、ヤイヤイとやらされたさ。私は、よく可愛がってもらったんだよ」

波照間の島民たちは、山下先生を手厚く歓迎した。当時の波照間国民学校校長・識名信升さんの自宅で歓迎会を開き、手料理を作ってもてなした。山下先生は、島の西側、富嘉部落にある民家に宿泊することになった。当時、この家が島で唯一の民宿を営んでいて、部屋が空いていたからだという。

しかし、次第に山下先生の不思議な行動が目撃されるようになる。

ある日、学校事務員の西里スミさんが、いつものように職員室で山下先生にお茶を入れてあげた時のことだった。山下先生は「今からちょっと散歩してきます」と、西里さんに言った。着任したばかりの山下先生が道に迷っては大変だと心配した西里さんは「初めての島ですから、道に迷わないでくださいよ」と言った。すると山下先生は、はっきりとこう言ったという。

「大丈夫です。ちゃんと、全部分かっています」

西里さんは不思議に思った。なぜ、初めての島を「知っている」のだろうか。

その頃、こんな姿も目撃されている。当時12歳だった野原光栄さんが学校内の掃除をしていた時、山下先生が一人で廊下を歩いていた。

「背中で両手を組みながら、ぶつぶつと独り言を言いながら歩いていたんだよ。『日本はなんとかかんとか』と…、軍隊の何か知らないけど。なんか、この人はおかしいなぁと思ったよ」

だが、その山下先生がのちに変貌するなど、この時は誰も予想していなかった。

1945年1月21日、沖縄戦が始まる2か月前のこの日、浦仲家では家族揃って畑仕事に出掛けていた。自宅に残っていたのは、当時9歳の少女・利子と祖母の2人。縁側で祖母の白髪を抜いてあげていた利子は、突然聞こえてきたエンジン音に驚いて空を見上げた。

「飛行機がバーっと飛んできたんだよ。何かなと思っていたら、バラバラバラバラーっと、すごい音で機銃掃射。急いで炊事場に逃げてきたんだよ」

波照間島が初めて経験した米軍の空襲だった。これにより浦仲家のすぐ北側にある野原家が全壊し、カツオ工場が襲撃を受けた。幸い死者やけが人はいなかったが、この空襲で島の人たちは恐怖に陥った。

今でも、島のおじいおばあたちはこの空襲について語る時、身を震わせながら、恐怖の表情で語る。孝子おばあもその一人だ。

「畑仕事していたら、爆撃でカツオ工場のドラム缶がボーンと、200メートルくらい宙に浮いたんだよ。それ見て、お母さんが「ぴくだりいんながぺりぺり（早く壕の中に入りなさい）」と言って、壕の中に逃げたんだよ。でーじやったすかよ（大変だったよ）」

以来、人々にとって、戦争はより一層身近に感じられるようになり、恐怖は日増しに強まっていった。

その頃、山下先生は石垣島の日本軍・第45旅団司令部にいた。中野学校出身者たちへの取材を基に書かれた『陸軍中野学校3・秘密戦史』（畠山清行著・番町書房、1974年）には、山下先生の行動について、こう書かれている。

「昭和二十年の正月休みに、山下虎雄先生は、石垣島の司令部に呼ばれた。司令部が先生を呼び出すことなど、ついぞなかったので（悪いことではなければいいが…）不安に胸を波だたせながら、司令部を訪れると、悪いも悪い最悪の命令が待っていたのである。「波照間の全島民を、速やかに西表島に疎開させよ」というのだ。思ってもいなかったことだけに、山下先生は愕然とした。しかも、「全島民疎開の後、その住居ならびに建築物一切を焼却、井戸及び飲料に供せられると思考されるものは、これを埋没して、使用不能にすべし」とある。「一体、これはどういうことです」「どうもこうもあるまい。作戦命令だ」。東畑参謀長は冷たく言った」

青年学校指導員・山下虎雄先生の正体。それは大本営から派遣された「スパイ」だった。「陸軍中野学校」の卒業生だったのだ。

陸軍中野学校とは、ゲリラ戦（遊撃戦）や情報戦を専門とするスパイの専門教育をおこなっていた、日本陸軍の極秘教育機関だった。日本全国から優秀な若者が集められ、卒業生は日本全国、世界各地に派遣された。

戦時中、八重山諸島には正規の陸海軍のほかに、特別な任務をおびた大本営直属の「スパイ」が４人派遣されていた。山下はその一人だった。

「離島残置諜者」と呼ばれていた彼らの任務と活動内容については、『陸軍中野学校と沖縄戦』（川満彰著・吉川弘文館、２０１８年）に詳しく書かれている。

「離島残置諜者の任務は、身分を秘匿して民間人の立場で情報を収集し、万が一、米軍が上陸してきた場合、それまで訓練していた住民を戦闘員と仕立て上げ、遊撃戦を行うことだった。第三二軍は、そのために県知事島田叡《しまだあきら》と交渉し、彼らに正式な国民学校指導員と青年学校指導員の辞令書を出させ、偽名を使い、各島々へ潜伏させたのである」

山下虎雄という名は、作戦遂行上の偽名だったのだ。

同年3月頃、米軍の波照間島上陸の可能性を理由に、山下は波照間島民に対し、西表島への移住を命令した。この頃になると、山下は軍人としての姿を公にするようになっていたという。

八重山のマラリアの歴史を周知している住民たちにとって、西表島がマラリアの有病地であることは明白な事実だった。しかし、反対する住民に対して、山下軍曹は日本刀を抜いて威嚇したという。その時の大人たちの狼狽する様子を、当時12歳だった野原光栄さんは覚えている。

「大人の人たちは、(西表島が)悪性マラリア地帯だと分かっているから、みんな心配していた。だけど軍の命令だから、日本刀で首を落とされるからと、心配していた」

だが、山下に逆らえる人は誰もいなかったと、当時14歳だった銘苅《めかる》進さんは語る。

「疎開という話が出て、人柄が変わった。隠していた軍刀も持って、警察も部下にした。まるで人間が変わったみたいに、軍国精神で、波照間の誰よりも自分は上だという感じで振舞っていた。軍の命令は従わないといけないと振舞っていた。(住民たちは)絶対服従」

当時の波照間では、男性たちのほとんどは徴兵で不在。残っていたのは、力のないお年寄りや子ども、女性たちだった。彼らにとって、抜刀威嚇する軍人は恐怖そのものだったと言う。

当時12歳だった南風見《はえみ》スミさんは声を震わせてこう語った。

「この人の言うことを聞かなかったら大変だったよ。怖い人だったよ。反抗できる人がおったか? 誰もいないよ」

「山下の命令はそれだけではなかった」と、波照間のおじいおばあたちは口を揃えて語った。

移住前に山下に家畜の屠殺を命じられたという。

当時、波照間島で飼育されていた家畜は「牛720〜765頭、馬132〜133頭、豚343〜359頭、山羊551〜602頭」（『もうひとつの沖縄戦 マラリア地獄の波照間島』石原ゼミナール・戦争体験記録研究会、1983年）。移住命令のあと、山下は住民たちに対して全ての家畜の屠殺を命令した。理由は「米軍は肉食だから栄養源を島に残してはならない」からだという。その結果、「牛695〜741頭・馬126〜127頭・豚337〜354頭・山羊510〜559頭」（前掲書）と、ほとんどの家畜が屠殺された。

屠殺現場となったのは、現在の製糖工場（当時はカツオ工場）のすぐ近くにある森だった。ここでは駆り出された島の青年たちが、家畜を木に縛り、次々と屠殺していたという。しかし、男手のいなかった波照間で、なぜ大量の家畜を西表移住までの短期間で屠殺できたのだろうか。

当時11歳だった西白保高保《にししらほこうほ》さんは「石垣島から日本軍が来て（家畜を）潰したんだよ。7人来ていた」と話す。西白保さんがそう詳細に覚えているのは、島内でも比較的大きな家だった西白保さんの実家に、当時、その日本兵たちを受け入れ、寝泊まりさせてあげていたからだ。

「カツオ工場で乾燥させて、あっち（石垣島の日本軍）に送ったんじゃないか」

これについて、戦争マラリア問題を追及してきた元沖縄県議会議員の宮良作《みやらさく》さんは、「日本軍の食糧確保のためだ」と断言する。当時の日本軍は現地自活を原則としていた。島という限られた環境下、悪化していく戦況のなかで、軍隊の食糧問題は重大な問題となっていた。

「食糧のためですよ。八重山に日本軍隊は約1万人配備されていた。目の前に牛や馬、山羊がたくさんいた。それに手をつけようというのがまず（日本軍の考えだった）」しかし、大量の家畜を全て乾燥肉にすることはなく、多くの死体がそのまま放置されていたという。腐った死体には銀蠅が集まり、ひどい異臭を放っていたという。

また、中には塩漬けにした肉を食糧として移住先に持って行ったという人もいたが、あくまでわずかな量だったという。

私は山下の影を探して、波照間のあちこちを歩き回った。だが、家畜の屠殺場所などの戦跡は、看板も目印もないまま放置され、山下軍曹が軍刀を抜いて住民たちに移住を迫った場所は、工事用トラックの駐車場と物置になっていた。

戦後65年という歳月の経過とともに、山下の正体を島内で追究するのは限界があった。謎の男・山下に近づく鍵は、人々の記憶の中にしかないのだろうか。

２０１１（平成23）年3月30日。「あんたの勉強に役立つはずよ」と私を訪ねて浦仲家にやってきたのは、同じ北部落に暮らす屋良部ヒデおばあだった。

「昔の新聞に山下さんが載っているよ。マラリアのことを話しているよ」

家の掃除をしていたら、昔の新聞記事が見つかったのだという。早速、孝子おばあも呼んで、3人で記事をのぞき込んだ。

それは沖縄の地元新聞・琉球新報の記事で、日付は「１９８９（平成元年）８月６日」。戦争マラリアの遺族たちが援護会を立ち上げ、国家補償運動に動き出した頃だ。記事には、一枚の

山下虎雄、本名・酒井清（琉球新報より）

ポートレート写真が添えられている。背筋をすっと伸ばして着座した一人の男性。年齢は69歳。鋭い目つき、がっしりとした肩幅。それは山下虎雄本人だった。本名は酒井喜代輔とある（『陸軍中野学校』（中野校友会、1978年）によると、本名は酒井清）。戦後、滋賀県で家庭を築き、工場の経営者として生きてきたという。波照間の住民たちがマラリアで次々と絶命していくなか、本人は島を抜け出し、本土へ帰郷していた。

酒井氏はインタビューの中で、西表島への移住命令は「第45旅団司令部や沖縄の第32軍司令部を超えたところから出ていた」「明らかに軍命だった」と断言していた。

「ハナヨー、あんたが読んで聞かせい」と、漢字が苦手な孝子おばあが言うので、インタビュー記事を読み上げることにした。

「疎開は私一人ではできなかった。当時の村長や議員などの有力者も説得してやった」

すると、孝子おばあとヒデおばあがすかさず、「嘘だよ！　嘘！」と声をあげた。

「ユンサン（警察官）は怖がりな人で有名だったのに。役員たちも反対できない人たちだったよ。山下に命令されたら、はいはいとやる人たちだったのに」

つまり、酒井氏が「説得」と表現した行為は、島の人たちから見たら、「命令に逆らえなかった」「〝いや〟と言えなかった」ということだった。


その後も続々と、おばあ二人からの指摘は続いた。

酒井氏の「波照間の住民とは兄弟みたいなものだった。私の第二の故郷だ」「島の一部の人に誤解されている」という発言を読み上げると、おばあたちは「嘘だよ！」「ウソウソ！」と声を荒げた。

さらに別のインタビューで酒井氏は家畜の肉について、「住民たちに肉を提供しろと命令したことはない」と言う。しかし、おばあたちは「あれは命令だったのに！」と憤った。


人口の3分の1が死亡した強制移住を率いた人物でありながら、インタビューの中で反省や謝罪の言葉のひとつも述べていない酒井氏。彼は戦時中、25歳。私と同じ年頃の若者だった。一体、何が彼を強制移住へと駆り立てたのか。彼の真意に、私は迫りたかった。謎に包まれた彼の正体については、数年後、ドキュメンタリー映画『沖縄スパイ戦史』で、私は再挑戦することになる。

慰霊の日

2011（平成23）年6月23日。沖縄戦が組織的に終結した「慰霊の日」がやってきた。

1年前の今日、石垣島の戦争マラリア犠牲者追悼式典で取材をしていた自分の姿を、ふと思い出した。目眩がするほどの暑さの中で、自転車でバンナ公園まで登り、吹き出す汗を拭いながらカメラを回していた。「軍命」の文字が記されていない碑文と、同様に軍命という言葉を一度も使わずに読み上げられる行政代表者のスピーチを聞きながら、「これは誰のための慰霊なのだろうか」と、煮え切らない思いが、私の胸に燻っていた。

あれからちょうど1年がたった今日、私は波照間にいて、島のおじいおばあたちと一緒に生きている。波照間の「慰霊の日」はどんな一日なのだろうか。

朝、いつもと同じ孝子おばあの「ハナヨー」という声で目を覚ますと、窓の外におばあがいた。庭の草むしりをしていた。「おばあ、何時に起きたの？」と聞くと、「6時くらい」という。おばあの「慰霊の日」は草むしりから始まった。いつもと何一つ変わらない、いつもの波照間に生きる、一人の老人の姿があった。

朝ごはんの途中、島内放送が入った。正午に1分間のサイレンを流すので、黙祷をしてほしいとのことだった。

「毎年、こうして、島のみんなで黙祷するの?」

と聞いた私に、おばあはいつもと同じミルクたっぷりのコーヒーを飲みながら、「分からん。でもするさ」と言った。

おばあは石垣島の慰霊式典に一度しか参列したことがないと言う。

戦争マラリア慰霊碑の中には、数千個の小石が詰まっている。当時、十分な葬儀もできず、山や浜に家族の遺体を埋葬せざるを得なかった体験者たちのために、「遺骨の代わりとして遺族たちの手で石を入れよう」というデザイナーの潮平正道さんのアイディアだった。

おばあは波照間の浜に行き、亡くなった家族9人分の白い石を拾って、ひとつひとつに父、母、祖父母、兄弟姉妹それぞれの名前を書き、慰霊碑に入れたのだという。以来、慰霊祭には参加していない。おばあにとって式典は形式的なものでしかなく、さほど重要な意味を持たないのだろう。

考えてみれば、去年の慰霊祭も参加者は100人にも満たなかった。しかも、戦争マラリアの戦後補償問題などに積極的に取り組んだ人たちなど何らかの関係者だったのだと、今になって気が付いた。大多数の遺族や体験者は、おそらくそれぞれの6月23日を、それぞれの日常の中で過ごしていたのだろう。

昼になると、ますます気温が上がり、うだるような暑さが襲った。

「ぴすまり氷ぜんざいへばまぁー（昼食は氷ぜんざいにしよう）」

草取りと農作業を終えたおばあの提案だった。かき氷の上に、黒糖で煮込んだ豆や麦をたっぷりとかける。氷と絡めて一口食べれば、火照った体がすーっとクールダウンしていく。おばあが作る氷ぜんざいは、私の大好きな島ごはんのひとつだ。

「思い出に写真を」とカメラを持ってきた私を見て、おばあは「フリムヌゥ！（ばかもの！）こんなぜんざいを撮ることがあるかぁ！」と笑いながらも、スプーンでくるくるとかき混ぜて、豆を拾い上げ、「ハイ、これがベスマヌアカマミィ（波照間の赤豆）」と、カメラの前に見せてくれた。ガラス皿の中のぜんざいは、あっという間に氷が溶けて、黒糖汁になっている。

「ねぇ、今日は「慰霊の日」でしょう。波照間では慰霊祭をやらないの？」と聞くと、「やらないさぁ」とおばあは言う。そして、「ただよぅ」と言葉を続けた。

「子どもたちが、あっちで、あれやるだけさ」

「あれ」「これ」が多いおばあの話だが、私は「（波照間小学校の）子どもたちが、あっち（学童慰霊碑の前）で、あれ（戦争マラリア犠牲者への慰霊の歌である『星になった子どもたち』を歌う）だけさ」と理解した。おばあも数年前に一度だけ見に行ったことがあるという。

波照間に来る前、「滞在は6月23日をめどに」と思っていた。それは、6月23日になれば、おじいおばあが仏壇に「トチメ（手を合わせる）」しながら、亡くなった家族を思って涙を流したりするだろうと思ったからだ。そういうシーンが映像には必要だと思っていたし、それをラストシーンにできるかもしれないと考えていた。なんとも浅はかな考えで、せこい画を撮ろうとしていたもんだ。

おじいおばあのことを何も知らなかった。私は取材者として「戦争マラリア」という「柵」を勝手にこしらえて、体験者たちをぐるぐると取り囲んで、出られないようにしていた。戦争を語らせる。傷口をカメラの前で見せさせる。痛みを露呈させる。時に、「ああ、この映像は私が欲しかったものではない」などと思って、カメラを止めた。ドキュメンタリーを撮るというのは、非常に自分勝手な行為だ。しかし、その人のありのままを撮ろうとする時、受け入れようとする時、柵の中にカメラを突っ込んで、あれこれ自分の思いどおりに撮ったとしても、それはある意味で「ウソ」なのだ。

今の私は、自分で作った柵を自らの手で壊す作業の真っ只中にいた。昨年の慰霊式典とは全く違う、ありのままの波照間の「慰霊の日」を、素直に受け入れていた。

壁時計が正午を指すと同時に島内スピーカーから警報がけたたましく鳴り始めた。おばあは「さぁさぁ」と縁側に出てきて、目をぎゅうぎゅうと閉じ、黙祷を始めた。

「まだ、1分経たないか?」

わずか10秒で、おばあが喋り始めた。

「あんなにビィビィ鳴らさないでもいいのにようぅ。カツマシイ（うるさい）さぁ」

おばあは、全然集中していなかった。

そして警報が止んだ瞬間に、「はぁ〜トーチィ」と手を合わせて、終了。「オビシミシャン。あぁ、あきれたさぁ（やっと終わった。くたびれた）」と、家の中へと消えて行った。

慰霊の日と言えども、おばあにとってはただの6月23日だ。何よりも、戦争マラリアを体験した人たちは、戦時中、この日はまだ過酷な移住生活の真っ只中にいた。自宅に戻ることが許されたのは、それから数か月後、遅い地域で9月になってからだ。沖縄本島で正規軍が壊滅したとしても、それはマラリア地獄で悶え苦しんでいた人たちにとって、なんら関係のないことだった。

この日、おばあは私がこしらえた手製の「柵」を悠々と飛び越えて行った。その姿を私はカメラで撮っていた。私の勝手な映像イメージがぼろぼろと崩れ落ちていくのを感じながら。

さよなら、波照間

波照間生活が残り3週間となった8月のお盆に、波照間最大の行事「ムシャーマ」が開催された。祖先供養や無病息災、豊漁豊作を祈願する伝統行事だ。

三線や歌、太鼓を奏でながら住民たちが各集落ごとに行列をつくり、練り歩く。その先頭には「ミルク」と呼ばれる島の神様がいる。八重山諸島の各島々で見受けられるこのミルクは弥《み》勒《ろく》菩薩に由来するというが、その姿は実際の弥勒菩薩とは似ても似つかない。私にはどこか恐ろしい顔に見えるが、島の人たちにとっては大事な神様である。「どこの部落のミルクが立派だ」「うちの部落のミルクは穏やかな顔」などと褒め称えていた。

ミルクの後に続く子どもたちは「ミルクンタマー（ミルクの子どもたち＝子孫）」と呼ばれ、雨降らしの神「フサマラー」や、道化役の「ブーブー」などが続く。カスリの着物に身を包んだおばあたちは『弥勒節《みるく》』を歌う。今年も島に豊作と富をもたらしてくれたミルクへの感謝と、来年への願いを込め、三線の音色に合わせてゆったりと歌い上げる。

大国《たいこく》ぬ弥勒　我島《がば》にいもち（大国の弥勒様が私たちの島にいらっしゃった）
うかきぶせみしょり（どうぞ治めてください）
島の主　島の主
サーンサーングヤーサンサーサ

そして、５つの部落が島の中央に集まったところで、祭りは最大の山場を迎えた。
各部落の女性たちが華やかな演舞を披露すると、今度は男性たちが六尺棒を振り回して勇猛な舞を展開した。そして、最後に全員で三重の輪をつくり、うさぎ跳びをしながらぐるぐると

波照間の伝統行事「ムシャーマ」は島最大の祭り。全島民が参加する。先頭を歩くのは八重山諸島の各地で見られる神様「ミルク」(2011年8月)

回り始めた。その中央では三線と笛、太鼓を奏でている。祖先供養の民謡『親《ふや》ぬ御恩』(無蔵念仏)。それに合わせて踊る「ニンブチャー(念仏踊り)」だ。その歌詞には親への感謝の思いが込められていた。日本語に訳すと、このようなものだった。

南無阿弥陀仏は弥陀仏
親の御恩は深きもの
父上の御恩は山のように高く
母上の御恩は海のように深い

山の高さは測り知ることができるが
海の深さは測り知ることができない

昼は父の脚の上に抱かれ
涼しい扇の風にふかれながら眠り
夜は母の懐に

十重、二十重の衣装の内側に抱かれて眠った

濡れたところには親が寝て
乾いたところには子どもを寝かせた
どちらも濡れると
親の胸の上に子どもを寝かせた

これほど大切に親に育てられた
父母の面影を探して
島の浦々、国のあちこち
歩いてみるが見つからない

真夜中に両親の夢を見て
飛び起きて探したがどこにもいない

形見を手に取れば涙が止まらない
親を偲び待ちわびる想いを
受け取りくださいご両親様

歌い、踊る、島の人たちの姿を見ながら、私は思った。戦争マラリアで親を失った波照間のおじいおばあたちは、毎年、どんな思いでこの歌を歌っているのだろうかと。66年前の今日、まだ幼い子どもだったみんなはマラリア地獄の真っ只中にいた。孝子おばあはマラリアの高熱と震えで苦しみ、妹の利子おばあも髪の毛が全部抜けてしまうほどの重体だった。父も母も、次々と家族は息を引き取った。

あれから66年。「ニンブチャー」を踊る島の子どもたちの姿を見ながら、浩おじいは大好きな島酒「泡波」を嬉しそうに飲み、孝子おばあはアダンの葉で作った扇をゆったりとあおぎながら、穏やかに微笑んでいた。

旅立ちの日の前夜。夕食を終えた頃、孝子おばあが「あんたが今まで習った三線の歌、全部弾いてみれっちゃあ」とリクエストした。手元に広げた「工工四」（クンクンシー。三線の楽譜）は50曲以上あった。気がつけば、ずいぶんとたくさんの歌を覚えたもんだ。

今宵は、私にとって人生初のワンマン三線ライブ。記念すべき最初の観客は、孝子おばあ一人だけ。畳にごろんと横になりながら、天井を仰いでいる。私は、おばあの好きな歌『小浜節』から弾き始めた。

私の歌と三線に合わせて、おばあの両方の手のひらがふわりふわりと宙を舞う。波のような三線の音色の中で、指が泳ぐ。深い皺の刻まれた美しい手だ。太陽に焼かれ、大地に染まった、農家の手だ。

ふと、三線を爪弾く私の手をみた。サトウキビの収穫が終わり4か月がたち、もう農家の手ではなくなってしまった。土の匂いが取れてしまった。でも、三線の音はたっぷりと染み込んでいる。


歌いながら、波照間で過ごした8か月の出来事が、心に浮かんでは消えていく。その度に涙が私の目頭に溢れた。ふと、おばあを見た。子どものような瞳でじっと私を見つめては、何かを言いたいが、言葉が見つからないといった表情を見せた。私には、それで十分だった。おばあの気持ちが、痛いほど分かった。

「明日、寂しいはずね」

私がそう言うと、おばあも「寂しいはずよー」と言う。

一緒に過ごした日々は、今となってはあまりにも短く思える。たった8か月間。されど語り尽くせぬほどの糧を、学びを、生きていく力をもらった。たくさんの素晴らしい出会いをもらった。そして、戦争マラリアの記憶と言葉を、たくさんの人たちから受け取った。


戦争マラリアを初めて知った日から、ちょうど2年が経っていた。取材するとは言っても、誰一人知らない状態で来たのに、これまで44人の体験者をインタビューした。その何倍もの人たちと出会い、共に時間を過ごしてきた。そして、私はここで、今、生きている。一人じゃ何もできなかった。みんなに支えられてここまで来たのだ。

出発の朝、港には孝子おばあが見送りに来てくれた。

小さな瞳からぽろぽろと涙を流していた。

「おばあ、また来るよ。泣かないで」

おばあに笑顔になってもらいたくて、私は必死に涙を堪え、明るく振る舞った。

「だー、べスマくんてえんたすかよ…ぬーばがらんむて…（あんた、また波照間に来ると言っても…できるかどうか分からないでしょう）」

そういうおばあに、私は「必ず戻ってくるから」と約束をして、船に乗り込んだ。

荒波の間に浮かぶ波照間は、どんどんと小さくなり、やがて、海の果てに島影が消えた。

「波照間で学んだことを、いつか将来、社会に還元してほしい」

私が波照間に来た最初の夜、浩おじいが私に向けて言った言葉が蘇った。私はどう生きていくのか。何のために、何をしていくのか。人に支えられながら生きていて、支えられながらドキュメンタリーを撮っている。だからこそ、この作品をいいものに仕上げたい。一秒たりとも適当に作りたくない。この命の限り、人のために、世の中のために生きていきたい。心からそう思った。

こうして私の波照間生活は終わった。

新学期になり、東京の大学院に戻った私は、この2年間で撮り溜めた映像の編集と修士論文の執筆に明け暮れた。そして2012年3月、修士プロジェクトであり、私にとっての初めてのドキュメンタリー映画『ぱいぱてぃぬうるま―南の果ての珊瑚の島』を完成させ、大学院を卒業した。

卒業したとはいえ、就職先は決まっていなかった。むしろ私は、就職活動すらしていなかった。「卒業後のことは、無事に卒業してから考えよう」と映像編集に没頭していたからだ。ただ、「どんな時も、なんとかなるはずだ」と、根拠のない自信だけはあった。これも波照間生活で身につけた図太さかもしれない。

卒業式の数日後、私は卒業証書を持って、再び沖縄へと飛んだ。波照間のおじいおばあたちに卒業の報告とお礼をするためだ。

久しぶりに浦仲家の二人と再会した私は、少しでも二人の近くで暮らしたいという一心で、沖縄で就職をすることにした。これまでのドキュメンタリー制作の経験から、映像の仕事に挑戦してみようと思った。

思い立ったが吉日、スマートフォンで「沖縄」「映像」「仕事」と検索した。すると、検索結果のトップに出てきたのは、沖縄本島那覇市にある地元テレビ局・琉球朝日放送のウェブサイトだった。クリックすると、「報道記者募集」とある。しかも、締め切りは今日、「当日消印有効」だ。私は腕時計を見た。波照間郵便局が閉まるまで、あと4時間ある。急げば間に合うか

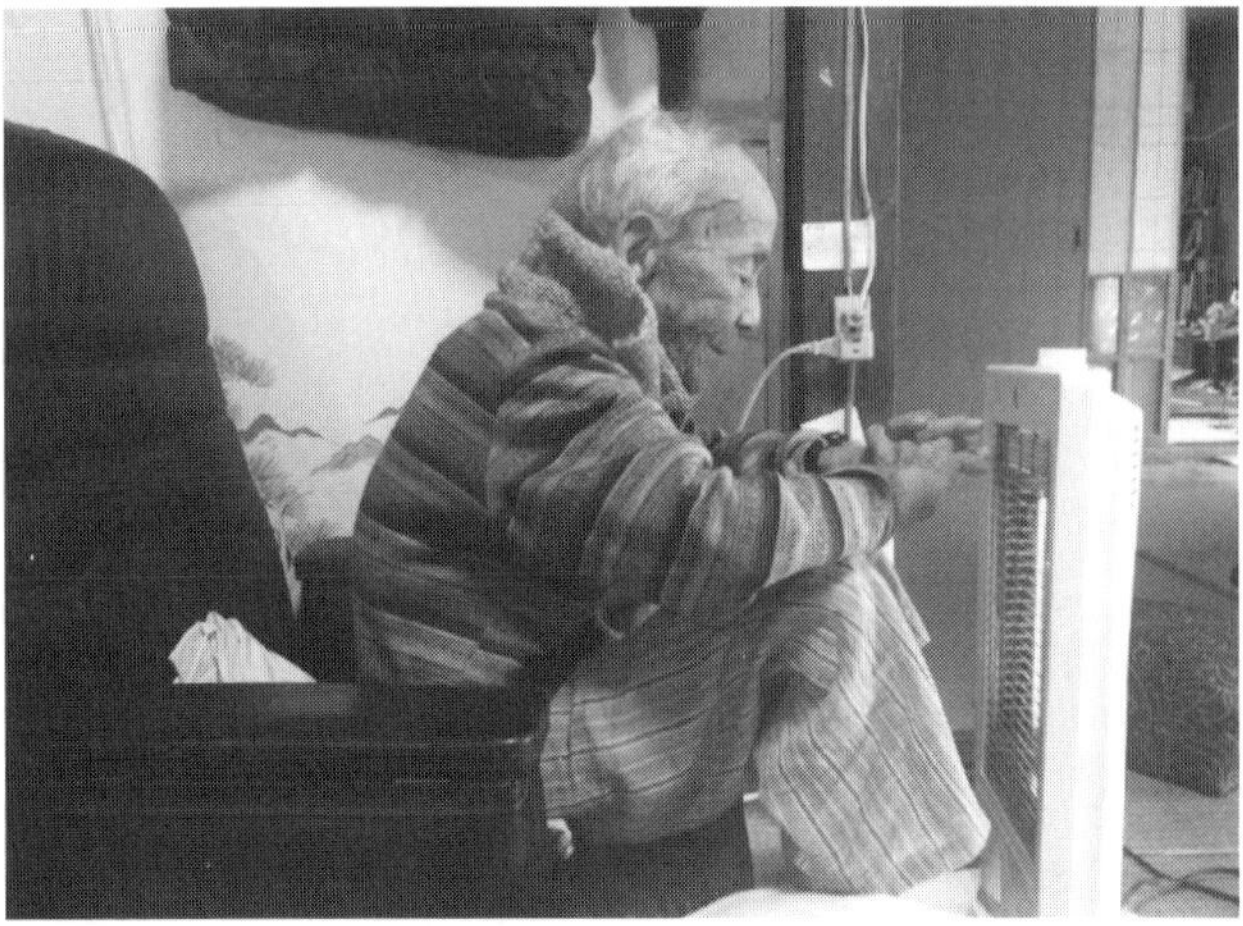

2017年1月に再会した浩おじい。
寒い、寒い、とストーブの前であったまる。腎臓が弱り、石垣島の県立病院で定期受診を続けていたが、再会のたびに体力は目に見えて衰えていた

もしれない。

自転車にとび乗り、島中の共同売店を奔走して履歴書を手に入れた。しかし、課題の論文を書くにも原稿用紙が見つからない。最後の伝手で浩おじいに相談すると、おじいは「ちょっと待っときなさい」と、机の引き出しを探った。

「2枚しかないから、絶対失敗するなよ」

奇跡的に見つかった原稿用紙は、何十年前のものだろうか。黄ばんで、年季が入っている。私は渾身の論文を書きあげると、シャッターが降りかけた波照間郵便局に滑り込んだ。

こうして同年5月、私は民間放送局・琉球朝日放送に就職し、報道記者としてのキャリアをスタートさせた。

その後、5年間、辺野古や高江、伊江島などで米軍基地問題の取材や、米兵がらみの事件事故、自衛隊問題などを追い続けた。オスプレイの配備や秘密保護法の成立、辺野古や高江での米軍基地建設など、沖縄は激動の最中にあった。ほぼ毎日、全国ニュースになるような出来事が立て続けに起きた。

中継やスタジオ解説の時には、放送直前に浦仲のおじいおばあをはじめ、出来るだけ多くの波照間の家に電話を入れて、「今すぐ5チャンネル観て」と伝えた。波照間で学んだことを報道を通じて社会に還元していくことが、波照間のみんなへの一番の恩返しだと思っていた。

「テレビ観ながら、あんたのこと応援しているさーね。チバリヨー（頑張れ）」

電話口から届くおじいおばあたちからの声援が何よりの支えだった。

しかし、沖縄の地元放送局とはいえ、八重山諸島へ取材に行けるのは、台風や災害などの緊急取材をのぞいて、年に2、3回が限度だった。なによりも、沖縄本島での米軍がらみの事件事故は止まず、基地建設現場では、市民の必死の抵抗が続いていた。昼夜を問わず現場に向かうたびに、浦仲のおじいおばあとは電話で話すのがやっとになっていった。

「波照間のおじいおばあのそばにいたい」という思いで沖縄の報道記者になったはずなのに、波照間と私の距離は、どんどん遠のいていった。

第3章

戦争マラリアはまだ終わっていない

2017年～2018年　東京、米国、波照間島、石垣島

映画『沖縄スパイ戦史』の取材で再会した孝子おばあ

ドキュメンタリー映画『沖縄スパイ戦史』制作へ

沖縄で、自衛隊をめぐる新たな動きが始まった。これまで自衛隊基地がなかった島々への新たな基地の建設計画が浮上したのだ。

八重山の最西端にある与那国島では、陸上自衛隊レーダー部隊（沿岸監視隊）の配備計画をめぐり、2015年、島を二分する住民投票に発展。宮古島では、すでに存在する航空自衛隊基地に加えて、新たに陸上自衛隊基地の建設計画が浮上。2017年には賛否をめぐる激しい市長選へと突入していった。さらに石垣島でも陸上自衛隊の配備計画が持ち上がった。

背景にあるのは、2010（平成22）年12月17日付で閣議決定された「平成23年度以降に係る防衛計画の大綱」いわゆる「新防衛大綱」だ。そこでは「島嶼《とうしょ》部における対応能力の強化」として、こう定められた。

「自衛隊配備の空白地域となっている島嶼部について、必要最小限の部隊を新たに配置するとともに、部隊が活動を行う際の拠点、機動力、輸送能力及び実効的な対処能力を整備することにより、島嶼部への攻撃に対する対応や周辺海空域の安全確保に関する能力を強化する」

「国境警備」や「防衛」の名の下に、自衛隊が配備されていく八重山の状況は、戦争マラリアを取材してきた私にとって、沖縄戦が始まる1年前、「皇土防衛のための不沈母艦」の名目で日本軍が沖縄のあちこちに駐屯し始めた頃と重なってみえた。さらに、沖縄本島では辺野古や高江での新たな米軍基地建設が、住民の反対の声を押し切って強行されていた。

国会でも歴史的な法案が次々と可決されていった。

２０１３年には、「秘密」を漏らした公務員や民間業者を最高10年の懲役とする「特定秘密保護法」が成立。翌年２０１４年には、政府が従来の憲法解釈を変更し、集団的自衛権の行使容認を閣議決定。翌年には、集団的自衛権の行使と、米軍と自衛隊の連携強化を可能とする「安全保障関連法」が成立。２０１７年には、犯罪を計画段階から処罰する「共謀罪」が成立した。

第二次安倍政権下で次々と生み出されていく法律に対し、私が取材をした沖縄の戦争体験者たちは「まるで戦前のようだ」と口を揃えて語った。その言葉を聞くたびに、私の胸中で危機感がつのっていった。単なる漠然とした不安や妄想ではない。戦争マラリアの歴史を学んだからこそ感じる問題意識だった。

さらに近年、ネット上で蔓延していた沖縄バッシングや沖縄ヘイトがエスカレートし、米軍基地に反対する住民たちを「プロ市民」、「中国共産党の手先」、「売国奴」などと罵る声が、ネット世界から現実社会にまではびこり始めていた。沖縄のマスコミに対する誹謗中傷もますます増えていた。

戦争マラリアを取材し始めた頃に私が感じていた日本本土と沖縄の間に横たわる「不可視の境界線」は、すでにはっきりと「可視化できるもの」となっていた。無関心とヘイトに塗れた境界線はもはや壁となり、日増しに大きく、高くなっていくように感じていた。その壁を前に、私は報道記者として行き詰まった。沖縄から伝えてきたことが、なぜ日本社会に届かないのだろうか。報道とは、何のためにあるのだろうか。

2017（平成29）年3月、私は5年間勤めた琉球朝日放送を退社し、打ちひしがれる思いで千葉の実家に戻った。

学生時代まで暮らした自室のドアを開けると、カーテンの向こうから春の暖かな太陽が注ぎ込んでいた。窓の外では、庭の梅の木が満開の花を咲かせている。5年前に沖縄へと旅立った時のままだった。

「もうしばらく、カメラもペンも持たなくていいんだ」

そう思うと、ほっとした。と同時に、私が今こうしている瞬間にも沖縄の現場で取材し続ける報道記者の仲間たちやカメラマンの先輩たちのことを思った。逃げ出してしまった自分自身への罪悪感が胸によぎった。それでも今はあらゆる感情を置いて、しばらく休みたかった。

ふと、部屋の角を見た。ダンボール箱が鎮座している。誰からの宅急便だろうか。ぐるぐるとガムテープで梱包してある。

送り主をみて、「あっ」と思わず声が漏れた。

「沖縄国際大学　石原昌家」

私が学生時代にお世話になった沖縄戦研究の第一人者だった。石原氏は1980年代から戦争マラリア問題を追及し、ゼミの学生たちと波照間の体験者の本格的な聞き取り調査を実施したことで知られている。

ダンボールの封を切ると、大量の資料と書籍が詰まっていた。「戦争マラリア」「強制移住」「軍命」「国家補償請求」…。資料に書かれたそれらの文字を見た時、カメラを持って一人で八重山で取材をしていた学生時代の記憶が、一気によみがえった。

その中に『マラリア関係資料（内部資料）』と書かれた冊子があった。国家補償請求運動が起きていた1990年2月、沖縄県生活福祉部が独自にまとめた証言資料だった。インタビュー対象者は、戦時中、八重山に駐屯していた日本軍関係者だった。強制移住と軍命の関係性を調べるために、県が調査をしたものだ。

そして、一人の元軍人の証言を見つけた時、私は息を飲んだ。

「軍が判断を誤ったのである。明確な判断がなされていたら、マラリア地帯への疎開も実施されず、犠牲者も多数出さずに済んだと考える」

学生時代には見落としていた記述だった。「判断を誤まった」とは一体どういうことだったのか。住民たちを犠牲にしたあの軍命とは、誰のために、なぜ発せられたのか。疑問が次々と浮かび上がってきた。

「戦争マラリア問題は、あとは大矢さんに任せたから」

そう言って、これらの資料をくださった時の石原先生の声が、ふと脳裏を過《よぎ》った。なにかの因果とも呼べるものを感じていた。「お前にはまだ、波照間でやり残した仕事がある」と、誰かに言われている気がした。

「ハナ、一緒に沖縄戦の番組を作ろう」

三上智恵さんからその連絡をもらったのは、ダンボール箱を開封した数週間後のことだった。三上さんは、ドキュメンタリー映画『標的の村』『風かたか』『標的の島』など沖縄の基地建設問題と住民の闘いを記録してきた映画監督であり、私にとっては琉球朝日放送報道部で2年間一緒に仕事をした先輩だった。ベテランアナウンサーの三上さんは、新米記者だった私に、愛情深く、そして誰よりも厳しく、報道の「いろは」を教えてくれた。

夕方のニュース番組を一緒に担当させてもらった時、生放送で緊張する私に「自分以上の誰かになろうとすると、緊張して失敗する。だから、ハナのままで話せばいいよ。自分が調べてきたことを自信を持って話せばいい」と声をかけてくれたことは忘れられない。その言葉が、テレビカメラの前に立つたびに私を支え続けてくれた。沖縄県民の生活と権利を守る徹底した三上さんの報道姿勢が、私を育ててくれた。そんな三上さんから「一緒に沖縄戦の番組を作ろう」と声をかけてもらった時、私には断る理由はなかった。

沖縄に新たな自衛隊基地と米軍基地が建設されていく今、沖縄戦の歴史から現在へと繋がる教訓を伝えたい。歴史が証明する事実をもって、現代社会に警鐘を鳴らさねばならない。それが、沖縄を原点に取材をしてきた、三上さんと私に共通した信念だった。

「戦争マラリアをずっと取材してきたハナとしか、この番組はできない」
そう三上さんが言ってくれた。

番組のテーマは、沖縄戦の「裏の戦争」に決まった。沖縄戦といえば、多くの人たちは砲弾が飛び交う日米両軍による激しい戦闘と、その間で一般市民が犠牲になった悲惨な地上戦を想像するだろう。それが「表の戦争」だとしたら、私たちが焦点を当てるのは、背後で秘密裏に展開されていた「裏の戦争」だ。

日本軍にとって沖縄戦の目的は、本土決戦に向けた時間を稼ぐために、米軍を一日でも長く沖縄に足止めすることだった。そのために日本軍は一般住民を作戦に利用し、時に武器を取って戦わせ、そして都合が悪くなった時には始末した。作戦を担ったのは日本軍の「スパイ」たち、つまりスパイやゲリラ戦のための秘密機関・陸軍中野学校を卒業し、沖縄に送り込まれた軍人たちだった。彼らが指揮した知られざる戦争に着目した。波照間の戦争マラリアを引き起こした山下虎雄も中野学校の卒業生の一人である。

キーワードは、少年ゲリラ部隊「護郷隊」、「スパイ虐殺」、そして「戦争マラリア」。これら、米軍の攻撃でも、砲弾が飛び交う戦闘でもなく、日本軍の存在によって引き起こされた大量の民間人の犠牲を取材することにした。

当初、この取材は、あるテレビ番組の企画として始まった。プロデューサーから「今ならどんな企画でも通るから」と言われ、私も三上さんも意気揚々としていたのだが、結局、最後の最後で、企画はボツになってしまった。「ならば映画にしよう」というプロデューサーの提案で、映画制作へと転向したのは２０１７年６月のことだった。ドキュメンタリー映画『沖縄スパイ戦史』の第一歩がここから始まった。

与えられた映画制作期間は10か月。限られた時間の中で、三上さんは沖縄本島を、私は八重山と米国を、手分けして取材した。まずは「動かぬ証拠」を見つけ出す必要があった。「体験者」「資料」、このふたつが不可欠だった。

沖縄戦参戦米兵のロバートさん

私が最初に向かったのは、米国・カリフォルニア州だった。

ロサンゼルスの沖縄県人会の元会長、國吉信義さんから、「沖縄戦に参戦していた元海兵隊員が見つかった。取材を受けてくれるそうだ」と連絡をもらったからだ。

彼が「護郷隊」について何か手がかりを持っているかもしれない。期待を胸に、その男性、ロバート・マーティンさんを訪ねた。

90歳のロバートさんは、数週間前に手術を終えたばかりで、ロサンゼルス郊外のリハビリ施設に入院していた。

杖をつきながら登場したロバートさんはしっかりとした身体つきで、ニコニコと笑いながら「ハイサイ」と、沖縄の言葉で私に挨拶をした。

戦後、高校教師として教鞭をとってきたロバートさんは、外国語が得意で、スペイン語、中国語も達者だった。沖縄戦に参戦した3か月間で学んだというウチナーグチを、あれから72年がたった今も覚えていた。

「見せたいものがあるんです」

そう言ってロバートさんは大きなダンボール箱の中から、一冊のアルバムを取り出した。年季の入った表紙だ。


ロバートさんが表紙をめくると、1枚のポートレート写真があった。真新しい海兵隊の制服に身を包み、誇らしげに微笑む白人の少年がそこにいた。

「入隊直後に撮った写真です。僕はテキサス州の高校を卒業したばかりで、まだ18歳だった」

とロバートさんは言う。懐かしそうに、目を細めてかつての自分の姿を眺めていた。

ロバートさんが沖縄本島に上陸したのは、1945（昭和20）年4月1日。地上戦が始まったその日、本島中部・嘉手納の沿岸へ上陸した。サンゴ礁が輝くその海はあまりに美しく、まるで楽園にやってきたようだったという。

「戦争なんかやめて、みんなで家に帰ろうと言いたかったよ。のんびりしようよ、沖縄はこんなに美しいところなんだからって。僕は人殺しなんかしたくなかったんだ。心の中では、今す

ロバート・マーティンさんは沖縄戦の時に拾った写真を今も保管している。そこには銃を構えた沖縄の少年たちが写っていた

ぐ故郷に帰りたかった」

ロバートさんはその日を思い出しながら、微笑んだ。

「ハナヨ、あなたは沖縄の少年兵を探していると言っていたよね？　いま思えば、僕もまだ子どもだった。あの沖縄戦は、子ども対子どもの戦争でしたよ」

そう言って、ロバートさんは再びページをめくった。私は「あっ」と声を漏らした。そこには、ライフル銃を抱えた幼い子どもたちの集合写真があった。米兵ではない。それは紛れもない、沖縄の子どもたちだった。写真の下にはロバートさんが書いたのだろう、「１９４５ Okinawa, Taira」とメモ書きが添えられていた。

「この写真はね、僕が沖縄戦で戦っていた時、沖縄本島北部の山の中で拾ったんです。タイラというところでした」

写真を拾ったあと、ロバートさんは戦闘地域から避難してきた住民と接触。その際に興味深い話を聞いたという。

「沖縄に上陸して6日、7日後だったと思う。避難民の中から15～17歳くらいの子どもたちが僕のところにやってきて、「僕らは少し英語が話せます」と言ってきたんだ。だから、「ちょうどいい、教えて欲しい。君たちは日本人か?」と聞いたんです。そしたら「ノー!」「日本人は嫌いだ」と彼らは言うんだよ。その時に、「ウチナーンチュ」という言葉を彼らから教わったんだ。「僕らはオキナワンだ」と言っていた。

日本兵が沖縄の人たちに何をしているのかを、彼らから教えてもらった。彼らは言っていた。「日本兵は沖縄の人たちが頭に荷物を載せて運ぶのを見て笑っている」「(沖縄の人は)取るに足らない存在だと言っている」と。彼らの英語はとても流暢だった」

「それから「日本兵が食べ物を狙って沖縄の人たちを殺している」とも言っていた。「日本兵は僕らを見下している」と。日本兵に対する憎しみを感じた。全く好意を持っていないようだった。だから僕は、「なるほど、これはナチスがユダヤ人を殺害しているのと同じだ」と思ったんだ。許せなかった。日本軍をできるだけ早急に殺さないと、と思ったんだ」

「戦闘中、僕らを助けてくれる沖縄の人々もいた。日本兵がどこに隠れているのか教えてくれた。日本語で「ヘイタイ、ヘイタイ」と言って。その日本語はすぐに覚えた。それは「注意しろ、壕から日本軍が攻撃してくるぞ」ということだから」

少年を撃った話を語りながら言葉を詰まらせるロバートさん

ロバートさんは沖縄本島北部から南下し、激戦地「シュガーローフ」の戦闘を経て、本島南部の摩文仁《まぶに》で終戦を迎える。そのなかで、ロバートさんには忘れられない光景がある。ライフル銃を持って米軍と闘う沖縄の子どもたちの姿だった。

「沖縄のあちこちで見かけたよ。死んでいる海兵隊員がいて、近くには攻撃している子どもがいた。僕らの部隊長も子どもに殺されたと聞いた。スナイパーもいた。子どもたちは、ただ、命令されたことをやっていたんだ。ヘルメットと武器を渡されて、鼻高の白人を殺せと」

「沖縄戦の終わりに、子どもを撃ったんだ。それは真っ暗な夜のことだった。戦闘はほぼ終了していた。茂みの中で、灰色の何かが動いているのが見えた。僕は音を立てないように、ピストルを構えて、一発。仲間の一人が、僕がピストルを撃った方向に歩いて行って、何かを抱き上げた。腕の中には9歳の子どもがいた。横にライフル銃が落ちていたから、彼がライフルを持っていたのは間違いない。左胸に穴が開いていた。

僕が近づいて話しかけると、その子は「紙巻きたばこ」と言ったんだ。そのままテントに戻って、コーマン（医療班）に手当てを頼んだが、「残念だが手の施しようがない」と言われた。悲しかったよ。男の子は笑っていたんだ。子どもを撃ってしまったということを、僕は悔いていた」

ロバートさんの瞳から涙がぼろぼろとこぼれ落ちた。両手で顔を覆い、彼は肩を震わせて泣いた。

幸い、その子は一命をとりとめた。しかし、18歳の青年にとってその体験はあまりにも大きく、心に深い傷を残した。それは戦後72年がたってもなお、彼の心を蝕んでいた。圧倒的な戦力で沖縄戦を勝利した米軍とはいえ、その中で戦っていたのは、ロバートさんのようなごく普通の青年だったのだと、私はこの時初めて気付かされた。

ロバートさんのこの証言、そして彼が持っていたライフルを持った少年の集合写真は、米軍が見た沖縄の少年兵の証拠として、映画『沖縄スパイ戦史』の重要なパートとなる。

２０１７年秋。私は戦争マラリアの取材のため、再び波照間へと向かうことになっていた。島のみんなとの再会はもちろん、何よりも浦仲家のおじいおばあに会える日を指折り数えていた。しかし、そんな私を待ち受けていたのは、あまりにも悲しい現実だった。

浩おじいの死

「浦仲のおじいが亡くなった」

電話を受け取ったのは、波照間へ取材に行く3日前だった。

「ハナヨにはすぐに伝えないといけないと思って。浩おじいがずっと会いたがっていたから」

突然の悲報に体の力が抜け落ちていくのを感じた。一刻も早く島に帰らなければと、荷物と撮影機材をまとめ、予約していた羽田発の飛行機を翌朝一便に切り替え、波照間に向かった。

到着した浦仲家ではすでに告別式が始まっていた。

「ハナヨー、ぴくだりながおり（早く中に入っておいで）」

島の人たちにそう手招きをされて、私は仏壇の前に座った。

一年半ぶりに再会した孝子おばあは、つぶらな瞳いっぱいに涙を溜めながら私の手を握った。

「ぼりゃぼりゃ、ぴしゃんたま（よく来てくれたね、お利口さん）。あんた、間に合ってよかったぁ…」

70年連れ添った最愛の人の死。痩せたおばあは、以前よりずっと歳をとったようにみえた。

遺影の中のおじいは、黒豆のような瞳をしっかりと見据えて、微笑んでいた。「ハナヨ」と、優しく呼ぶおじいの声がよみがえってきた。

「おじい…、また会えると思って、島に帰るのを楽しみにしていたんだよ。間に合わなくって、ごめんなさい」

私は、ぼろぼろとこぼれ落ちる涙を止めることができなかった。

長年、腎臓が弱っていたおじいは、私が波照間を離れた翌年、2012年から病状が悪化し、サトウキビ畑にも行けなくなった。介護のため、おばあもキビ刈りを引退した。担い手のいなくなった浦仲家の畑は、沖縄本島から帰郷した長男の浩一さんが継いでいた。

おじいの病状は回復せず、石垣島の県立病院で定期診療を受けるようになっていた。私が電話をするたびに、「おじいがもっと悪くなったらどうするかも…。石垣に引っ越さないとならないかも」と、おばあはずっと心配していた。

しかし、おじいは最後の瞬間まで波照間で生きた。その日も、いつもどおり早起きをして、朝食と昼食をきちんと平らげ、おばあのベッドで昼寝をした。

そして、そのまま、目を覚まさなかった。


告別式のあと、私は親戚一同と浦仲家の墓に向かった。かつておじいおばあと3人で毎日、畑へと走らせた軽トラに揺られながら、キビ畑の中を走る。間もなく収穫の時期を迎えるサトウキビの緑の穂が潮風の中で波のように泳いでいた。

私はふと、おじいの米寿祝いをした日のことを思い出した。2011年6月28日。おじいの

88歳の誕生日だ。

「おじいが好きな魚料理を山ほど作ろう」とのサプライズ企画で、近所の人たちも総出で天ぷらや刺身、ラフティー（豚の角煮）、黒砂糖カステラなど大量のご馳走をつくり、食卓を飾った。おじいが好きな三線で『繁盛節』『めでたい節』など八重山の祝いの唄を奏でては、親戚や近所のみんなが手を叩いて歌い、踊り、大いに盛り上がった。

あの夜、浩おじいは今までにないほど、満面の笑みを見せた。幸せそうに、大好きな島酒「泡波」をぐいぐい飲んだ。いつもは「だー、おびしみしゃん（あんた、飲み過ぎだよ）」とたしなめる孝子おばあだが、この夜は浩おじいの横で頬っぺたを丸々と膨らませて笑っていた。親戚の一人が「おじいのどこが好きなの？」と横槍を入れると、おばあは「ダーシクヌムヌゥ！（ばかもん！）」と顔を真っ赤にして、溢れるような笑顔を見せた。

スピーチを求められた浩おじいは、88年の人生の忘れられない出来事として、戦争マラリアで後継がいなくなった浦仲家を支えるために婿養子に入ったこと、「島の若者たちがサトウキビ産業を継げるように」と島のリーダーとして島全土の農地改良を実現したこと、竹富町議会議員を4期も務めたことなど、苦労の日々を振り返ったあと、「ハナヨに伝えたいことがある」と言った。しっかりと私を見捉えながら。

「ハナヨ、あんたには戦争マラリアを学んだ者としての責任があるよ。将来は、この社会を導く先頭に立たなければならないよ」

「責任」という言葉が、おじいの思いと共に、私の心に刻まれた瞬間だった。

おじいが生きていた頃、一緒に墓の掃除に行った。戦争マラリアで姉妹だけになった浦仲家の再建のために婿養子になった浩おじいは、最後まで孝子おばあを支え続けた（2011年2月撮影）

あれから7年。身長１４０センチほどの浩おじいは小さな骨壷に入って、ずっしりとした巨大な沖縄伝統の「亀甲墓」に納められた。

「大きな墓でしょう？　何に見える？　これは女性の子宮のかたち。死んだらみんな母の懐に帰り、次の命に代わるそうだ」

そう教えてくれたおじいの言葉が、ふと蘇った。

「波照間ではね、死者の血はサンゴ礁の海の一滴となり、体は土となり、魂だけ空に還る。昔からの言い伝えだ」

天高い10月の空を見つめた。

おじいの言葉どおり、おじいの魂がその青空へと上っていくように感じた。

後ろを振り返ると、サンゴ礁の海の向こうに、巨大な岩のような西表島が白波の中に浮かんでいた。

「島の人々を苦しめた戦争マラリアを忘れてはならない。再び、軍や国家の横暴を許してはならない」と口癖のように語り、戦争マラリアの教訓を誰よりも周知していたおじい。今、映画制作という大きな仕事を与えられた私に向けて、「しっかりやりなさい」と、おじいは人生の最期に私の背中を押してくれたのだと感じた。

「おじい、頑張って映画を作ります。一生懸命やるから、どうか見守っていてください」

そう心の中で呟いた。

山下の影を追う

波照間の強制移住を指揮した日本軍の「スパイ」、山下虎雄とは、一体何者だったのか。なぜ日本軍は、山下のような陸軍中野学校出身者を沖縄に、しかも最南端の波照間島にまで送り込んだのだろうか。学生時代、十分に解けなかったこの疑問にいよいよ向き合う時がきた。

私は山下の影を追って、かつての「青年学校指導員の山下先生」の勤務先、現在の波照間小中学校を訪れた。

校長の嘉良寧さんは私の取材目的を聞くと、「ここに何か手がかりがあるかもしれん」と、校長室の金庫を開けて、一冊の資料を取り出した。表紙に『学校沿革史』と書かれていた。学校が設立された1894（明治27）年当初から現在までの学校の公式記録だ。

表紙をめくると、色あせたページに達筆な墨字で学校行事が詳細に綴られている。今にも破れてしまいそうなページを恐る恐るめくりながら、明治から昭和初期へと進む。1942年（昭和17）2月には「校歌制定」とあった。その歌詞は次のようなものだ。

進め、三国の良き民で
強く正しく睦みあい
誠心の帆をあげて
万歳万歳　波照間校

皇民化教育がこの南海の孤島まで徹底されていたことが、歌詞からも分かる。

さらにページをめくると、1945（昭和20）年の記録が出てきた。「山下先生」が赴任してきた正月前後の記述を辿った。だが、不思議なことに、そこには何も書かれていない。当時の教職員名簿を見ても、どこにも「山下虎雄」の文字はない。

嘉良校長は「基本的に学校の様子はみんな沿革史に載せているから、記述があるはずだけど…」と首を傾げた。

しかし、ひとつだけ、その影が4月8日の記録に見つかった。

「その筋の名により、部落島民一人残らず西表南風見田へ」

「その筋」が示すのが山下であることは、間違いなかった。

嘉良校長が言う。

「多分、山下は名前を出すのを嫌がって、「(沿革史に)書くな」と言ったんじゃないですか。名前を記録に残さないように…」


かつての山下先生の下宿先ならば、何か手がかりがあるかもしれない。私は島の西側にある富嘉部落を訪ねた。自宅にいた西島本米彦《にししまもとよねひこ》さんは「昔ここに住んでいた山下という人について知りたい」と言う私に、「分からないよ、昔のことだから」と言いながら、こう話した。

「西島本は、曾祖母さんの時代から、波照間でただ一軒だけの民宿で、下宿も受け入れていたさ。山下だから泊めたわけじゃなくて、民宿だから」

私はさらに問う。

「何か戦争の時の物を残していきませんでしたか?」

西島本さんは即座に「あったよ」と答えた。

「日本刀があったさ。軍刀さ」

それこそ、山下が住民たちに西表島への移住を迫って抜刀した軍刀に違いなかった。

「でも、もうあれは処分したさーね」と西島本さんは言う。

私は核心に迫った。

「なぜ、捨てたんですか?」

西島本さんは「多分…」と言いながら、自分の喉元に人差し指を向け、首をはねる仕草をした。

「これ…やった可能性があったさ」

山下が人を殺害した可能性があるという。いわくつきの刀をいつまでも自宅に残しておくことはできないということだったらしい。軍刀は、サトウキビ畑の土地改良工事の際に掘り起こした穴に投げ入れ、今も地中深く眠っていると言う。

果たしてその軍刀は、本当に人を殺めたのだろうか。

「僕ら子どもは木の陰から隠れて見ていたんだよ。山下がひどいことしよった。見た人は誰にも言わんよ。この話はやめておこうって」

当時6歳だった金武榮保さんはそう言って、戦後73年間心の中で鍵をかけてきた記憶を私に語ってくれた。

それは、西表島・南風見田での移住生活中に起きた。具体的な日付は覚えていないと言うが、ある日、住民たちが生活をしていた丸太小屋に、ひとりの見知らぬ男がやってきたと言う。

「あの人は台湾人だったかな…。「お芋ちょうだい」と各家を回っていたんだよ」

当時、西表島には炭鉱があり、多くの台湾人が働いていた。「みすぼらしい服装をしていた」という男は、炭鉱から逃げてきた労働者だったのかもしれない。いずれにせよ、彼は波照間の住民ではなかったと金武さんいう。

「山下は彼をスパイだと言ってね…。彼の背中を…日本刀で突きながら、歩け歩けして…。彼は血タラタラして…浜の西へと連れて行ったんだよ。「スタダレ川」を越えて、山の中へ…ジャングルの中へ入って行ったんだ。僕ら子どもたちは隠れて付いて行って、木の陰から見ていたんだ…」

金武さんはそこまで言うと、深いため息をついた。

「あぁ…、もうこの話はやめておこう。嫌な思い出ばかり…」

そう言って目を伏せた。

私は質問を続ける。

「一体、何があったんですか？」

しばしの沈黙の後に、金武さんが言う。

「殺された。後ろから、一発で。よく切れたんだろうな、あの日本刀な…。あとはもう目を瞑るしかないから。その後（遺体は）ほったらかし。僕らも怖いから、隠れて見ているから…」

そして、言葉を続けた。

「殺された男性が本当にスパイか（住民には）分からなかったけど、（山下は）何かあったら「スパイ」だと疑った」

山下が執拗にスパイを警戒した理由。それこそが、彼が沖縄戦で担った裏の戦争「秘密戦」の任務そのものだった。

陸軍中野学校とは、ゲリラ戦や情報戦を専門とするスパイの専門教育をおこなっていた、極秘教育機関だった。日本全国から優秀な若者が集められ、卒業生は沖縄だけではなく、日本全国、世界各地に派遣された。

その中でも、沖縄戦に派遣されたスパイたちに与えられた任務は遊撃戦（ゲリラ戦）の展開だった。沖縄の正規軍である第32軍が壊滅したあとも、山間部やジャングルにこもり、「皇土防衛のために一日でも長く沖縄で米軍の足止めをせよ」という大本営の「沖縄捨て石作戦」を遂行することだった。武器も弾薬も乏しい日本軍が作戦に使ったのは、徴兵前の子どもたちや一般住民だった。

そのために沖縄本島北部では地元の子どもたちが集められ、少年ゲリラ部隊「護郷隊」が組織された。15〜16歳の少年たちが銃を持って米軍との戦闘や、米軍戦車に爆弾を背負って体当たりする自爆作戦を取らされるなど、酷い作戦へと巻き込まれていった。

このような住民を巻き込んだ軍の作戦展開のために沖縄戦に送り込まれた陸軍中野学校出身者は、実は総勢42人にものぼっていた。波照間島の山下虎雄は、組織的作戦を担っていたほんの一人に過ぎなかった。

八重山に派遣された「スパイ」は、山下を含めて4人。波照間島の山下虎雄（本名・酒井清）のほか、黒島の山川敏雄（本名・河島登）、与那国島の柿沼秀雄（本名・宮島敏朗）、山本政雄（本名・仙頭八郎）だ。正式には「離島残置諜者」と呼ばれていた彼らの任務と活動内容は、「身分を秘匿して民間人の立場で情報を収集し、万が一、米軍が上陸してきた場合、それまで訓練していた住民を戦闘員と仕立て上げ、遊撃戦を行うことだった」（川満彰著『陸軍中野学校と沖縄戦─知られざる少年兵「護郷隊」』吉川弘文館・2018年)。

山下虎雄が沖縄に渡ったのは、陸軍中野学校を卒業した直後の1944(昭和19)年9月だった。朝日新聞の記者を装って渡ったという。

山下が身分を偽り、「青年学校指導員」として波照間にやってきたのは、1944年の年末から翌年正月頃のことだ。しかし、彼は大本営から派遣されたあと、まっすぐ波照間島にやってきた訳ではなかった。最初に渡ったのは、実は西表島だった。そこで地元の少年たちを集め、ゲリラ部隊「護郷隊」をつくり、特訓をした。そして、波照間に渡った後、今度は島の若い男女を集めて「挺身隊」をつくった。

この挺身隊とはどんな組織だったのか。山下が彼らに与えた任務とは何か。それを詳しく調べていくと、彼の思惑が浮き彫りになっていく。

最後の挺身隊員と死ぬための訓練

中野学校出身者たちへの取材を基に書かれた『陸軍中野学校3・秘密戦史』(畠山清行著・番町書房、1974年)を見てみると、山下虎雄に関する記述があった。戦後、生き残って本土へ戻っていた山下本人へのインタビューを基に書かれたルポである。その中で、山下は「挺身隊」と波照間の強制移住について、こう語っている。

「それ（著者注：強制移住）にはまず、彼（著者注：山下）一人がいかに張切ったにしてもできることではなかったから、幾人かの助手的な役目をするものをつくることにした。彼は島に来て以来、青年学校の教官も担当して、女子青年を集め、女子挺進隊をつくっていたから、それをさらにきびしく訓練しなおし、助手とすることにしたのである。今夜にも米軍が上陸するのではないかと恐れていた時期だから、女子挺進隊には、沖縄の奉公先などから帰ってきた娘たちまでも参加したので、十数名に膨れあがった」（原文ママ）

「浜辺へ連れ出して坐禅を組ませた。そしてその一人々々の乳房の上に短刀をあて「どうだ、お前は今すぐ死ねるのか。死んでみろ。人間、喧嘩や戦争で、興奮している時は誰でも死ねる。しかし、そんなものは勇気でもなんでもありはしない。だが、平静な時に自分の死ぬことが国家のためになる、日本のためになるということが起こったとする。そういう時、平気で腹を切り、胸を突いて死ねるのが本当の勇気だ。我が挺進隊は、君たちの一人々々が、そのような勇気あるものにならない限り、困難な島ぐるみの疎開を成功させることはできない。どうだ、君には死ぬ勇気があるか」と彼女らに忘我の覚悟をうながし、精神的な訓練をしたのである。…（中略）…昼夜を分かたぬ猛訓練がものをいって、雨下する爆弾や機銃弾をも恐れずに行動する勇気が生まれた」（原文ママ）

この文章を読んだ私は、あることを思い出した。学生時代に波照間で取材した中に、元挺身隊員がいたのだ。強制移住当時、波照間国民学校の事務員で、山下の不審な行動を側で見ていた西里スミおばあだ。

私は学生時代に撮影した波照間の映像が入ったハードディスクを探し出し、パソコンに繋いだ。膨大な映像ファイルからインタビュー映像を見つけた。そこには7年前のあの当時のままのおばあがいた。

「あのシーンはどこだろうか」

私は映像を早送りした。映像の中で西里のおばあが席を立ち、私のカメラは縁側から室内へと向かう。おばあはタンスを開けて、何かを探している。

「このシーンだ」

私は早送りを止めて、再生した。映像の中のおばあが言う。

「これな、わたし、ずっと大事に取ってあったさーね」

そう言ってカメラの前に差し出したのは、手の平サイズの木の札だった。「西里スミ」と墨で名前が書かれている。横には、「一七」と当時の年齢、そして波照間の住所が記載されている。

「これ、なに?」

映像の中の7年前の私が西里のおばあに尋ねた。おばあが答える。

「挺身隊員はこれをいつも腰につけておけって、山下さんが。毎日、山下が調べておったよ。ちゃんと付けているかー、と。これを必ずやっておかないとだめだ、と言ってさ」

西里スミおばあ（2010年撮影）

この札が挺身隊員の「証」だったという。

住所と名前、年齢が書かれていることをみて、私は米国で取材をした元米海兵隊員、ロバート・マーティンさんが持っていた「ドッグタグ」を思い出した。

映像の中の私が、「挺身隊の仕事は何だったの？」と尋ねる。

「何って、あちこち（マラリア患者のところに）行って、『どうですか？』と見舞いに行ったさ。病院がなかったから」

西里のおばあが言う。おばあは病人の看病を主にしていたようだ。そしてハエの退治もしたという。山下は衛生管理に厳しく、ハエの駆除を子どもたちに徹底していたという。だが、より具体的な挺身隊としての訓練については語っていなかった。

２０１７年11月、私は追加取材のため、西里家を訪ねた。しかし、門の前に立った時、それが手遅れであったことを悟った。扉が閉められ、静まり返っていた。庭の雑草は伸び放題だった。

スミおばあは高齢化により、数年前に波照間から、家族の住む石垣島へと移住したという。体の弱ったおばあから、証言を聞き出すのはもはや不可能だった。

強制移住の真相を知るためには、山下が「助手」と呼んだ挺身隊への取材が不可欠だった。しかし、戦後72年がたち、生存者を探し出すことはできるだろうか。

諦めかけた時、吉報が飛び込んだ。助監督を務めてくれていた比嘉真人さんが「戦争マラリア体験者のインタビューが掲載されている」と、地元紙の記事を見つけてくれた。そこには「元挺身隊員」の文字があった。

私は急いで、男性が暮らす石垣島へと向かった。

銘苅《めかる》進さん（87）は突然の取材依頼にもかかわらず、快く取材を受け入れてくれた。まもなく90歳になるとは思えないほどかくしゃくとした銘苅さんは、小柄で細身の体格が多い波照間出身者には見えなかった。そのことを本人に告げると、銘苅さんは「結局、山下が僕を挺身隊に選んだのも、体がしっかりしていたからだと思う」と話した。

「当時、私は14歳。挺身隊の中で、最年少だった。挺身隊に選ばれた中で生き残っているのは僕だけ。先輩たちももう誰もいないから」

銘苅進さん（2017年10月石垣島の自宅にて）

銘苅さんは、記憶をゆっくりと紐解き始めた。

「山下は当初、非常にユーモアのある人で、フラダンスと言って、見たこともないような踊りもやってくれた。しかし、疎開という話が出て、人柄が変わった。一変して、軍人。絶対服従ということで、隠していた軍刀も持って。警察も部下にした」

当時、挺身隊員は最年少の銘苅さんを含め、男女20人ほどだった。訓練は西表島に移住したあと、住民たちの移住地、南風見田の浜でおこなわれたという。

「どんな訓練をしたかというと、対抗演習。挺身隊員たちが、お互いに頬を打ち合いするんです。でも、お互いに友だちや親戚でしょう？　強く叩けないで、みんな弱くやるもんだから、山下が来て、後ろから頭をバーンと殴るんです。すると叩かれた人は、山下に叩かれたことには知らずに、後ろにいる人を殴り返す。そうしているうちに、互いに本気で殴り合いになった」

「山下からは軍隊精神を打ち込まれた。みんな天皇陛下のために頑張らないといけないと。僕も軍国教育しか受けていないから、命令に従うしかない。反抗する人もない。もし、抵抗しても殴られるだけ」


銘苅さんは、波照間から西表へ移住するとき、山下が暮らしていた民家から木箱3箱を運び出したのを覚えている。中身は分からなかったが、それはずっしりと重たい箱だったという。

銘苅さんがその中身を知るのは、挺身隊員として西表で訓練を受けていたある日のことだった。

「山下が初めて手榴弾の使い方を教えた時、なるほど、木箱の中身は手榴弾だったと分かった。山下が「こういうふうに投げるんだ」と信管を抜いて、実演してみせた」

「僕らの親も、子どもたちが手榴弾の訓練をしていると分かっていたよ。僕らが浜で投げているのを見ているんだから」

子どもたちを使ったこのような訓練は、「万が一、米軍が上陸してきた場合、それまで訓練していた住民を戦闘員と仕立て上げ、遊撃戦をおこなう」という山下に与えられていた任務とぴたりと一致する。

しかし、手渡された手榴弾は「攻撃のためだけではなかった」と銘苅さんは言う。

「自決。アメリカーが上陸したら、あれこれされるから自決。それから手榴弾で死ねなかった

玉城功一さん（2017 年 10 月石垣島の自宅にて）

時のために、「喉元刺しなさい」と山下から短刀を持たされていた。これは挺身隊だけだよ」

私は、いよいよ核心に迫ってきた挺身隊の実態に、緊張しながら質問を続けた。

「米軍に捕まったら「あれこれされる」とは、どういう意味ですか？　なぜ挺身隊員は米軍が上陸したら死ねと言われていたのですか？」

銘苅さんは、そんな当たり前のことをなぜ尋ねるのか、と言いたげな様子で答える。

「なぜ自決かって？　そりゃ、住民が米軍に捕まったらスパイになるからですよ。「ここ（西表島）のことを詳しく話さないように」と、山下が言っていた。山下は結局、日本軍のことを米軍に聞き取りされると思ったんじゃないか。西表にも、石垣にも、日本軍がいるよ、と」

それを防ぐために自決せよ。山下が挺身隊の子どもたちに教え込んでいたのは、機密漏えいの防止のための作戦だった。

それは挺身隊員に限ったことではなく、一般住民にも自決を強いる計画があったのではないか。そう懸念するのは、波照間出身で元高校教師の玉城功一さん（80）だ。玉城さんは、1972（昭和47）年、沖縄の本土復帰に合わせて出版された『沖縄県史』で、波照間の戦争マラリアの章の取材と執筆を担当した。当時、波照間で聞き取り調査をするなかで、ある女性が語った言葉が、今も忘れられないと話す。

「波照間の住民たちが移住したところは、第一避難所と呼ばれていた。この他に、第二避難所を、西表島の中央、山の中腹につくっていた。第一避難所から第二へと、戦況が悪化したら移る計画だった。

当時、若い青年たちは徴兵されて島にいないから、女性たちが建設作業に駆り出された。山下はその時、「第三避難所を作るから、一張羅の着物を準備しておけ」と言っていたと。「一張羅の着物って、死ねってことかなと思った。沖縄戦が終わって、慶良間などで集団自決があったと聞いた時、もし第三避難所まで行っていたら、山下は私たちを自決させるつもりだったんじゃないか」と」

一般住民が米軍の捕虜とならないように、徹底した管理をする。住民を完全な支配下に置くこと。これこそが西表島への強制移住のそもそもの目的だったと、銘苅進さんは語る。

「結局、スパイの問題があったからですよ。だから、波照間住民は西表に疎開しろと。西表では集団生活で、みんな一箇所に40〜50人が暮らしていた。山下にとっては、自分が監視する範囲も狭いでしょ」

西表への強制移住とスパイ防止。山下が目論んだ恐ろしい計画が、取材を進めるうちに、どんどんと浮き彫りになっていった。さらなる証拠に迫りたいと私は思った。山下に最も近い場所にいた人物からの証言がほしかった。それは誰だろうか。

「疎開の時、島のお父さんたちが集まって相談していたんだよ」

これまでの取材の中で、波照間のおじいおばあたちがよく口にしていた言葉がふと脳裏によぎった。強制移住について知る鍵は、当時の波照間のリーダーが握っているかもしれない。

私は、その人物、仲本信幸さんの情報を探した。当時の村議会議員であり、島の代表だった。しかし、本人はすでに亡くなっている。

私は望みをかけて、石垣島に住むある人に電話をした。

「波照間島民は犠牲になっても構わない」

「この中に重要な証言が残っていればいいのだけど…」

そう言って、玉城功一さんは古びた箱を私に差し出した。両手で抱えるほどの大きさで、ずっしりと重い。

「50年ほど前のもので、私もそれ以来開けたことがないんですよ。大矢さんが先日の電話で「映画をつくる」と言ったから、押入れや倉庫を引っ掻き回して、昨日、やっと見つけたんです」

ビニールテープを解き、ふたを開けると、中には、30本ほどのリールテープが詰まっていた。戦争マラリアの聞き取り調査が始まった1970年当時に収録された、戦争マラリア体験者たちの肉声テープだった。それら一つひとつに、証言者の名前と「戦争マラリア証言」という文字が書かれていた。色あせた手書きの文字が、歳月の経過を物語っていた。

しかし、約50年の時を超えたリールテープを再生するにもデッキがない。そもそも、テープ自体が壊れている可能性もある。玉城さんは、私のために地元の業者に依頼し、音声をCDに復元してくれるという。誰のどんな証言が得られるのかは、復元してみないと分からない。

「CDができたから、取材にいらっしゃい」

玉城さんから再び連絡をもらったのは、2か月後のことだった。

早速、石垣島の自宅を訪ねると、玉城さんが出迎えてくれた。その表情はどこか曇っている。

「復元できたのは30本のうちの8本だけでした。この中に仲本信幸さんの証言があればいいんだけど…」

わずかな可能性にかけて、祈るような気持ちで1枚目のCDをパソコンに入れ、再生ボタンを押した。

ザーザーという雑音が流れ出した。そして、「西表に移住した時のことについてお伺いしたいのですが…」と、約50年前の玉城さんの声が聞こえた。島の人たちの証言が続く。私と玉城さんは無言のまま、耳をすました。だが、仲本さんは登場しない。その後も、CDを入れ替えるも、「仲本さんの声じゃないな」と玉城さんは首を振り続けた。

CDが残り3枚になった時だった。かすれ声の男性が話し始めた。

「あの時はね、山下くんが…」

私は不思議に思った。山下のことを「くん」付けで呼ぶ人は初めてだったからだ。「くん」付けで呼ぶということは、山下よりも年上だったということだ。この人物は誰だろうか。

「懐かしいなぁ！　久しぶりに声を聞いた」

そう玉城さんが微笑んだ。遠い昔を思い返すように。

「仲本信幸さんですよ、この声は間違いなく」

私は言葉を失った。心臓がどくどくと高鳴っていた。重要な証言者が、時を超えて今、語り始めたのだ。

その時だった。ザーザーという雑音の中から「スパイ」という言葉が聞こえた。聞き間違いではないはずだ。私は音声を戻した。

録音の中で、約50年前の玉城さんが「山下はなぜ住民を西表へ移住させたのか」と質問する。

仲本さんは押し殺したような声で、ゆっくりとこう語った。

「慶良間に米軍が上陸し、島人がスパイになったから、沖縄本島が上陸された…。だから、波照間でも同様のことが起こりかねないから、日本全体のため、八重山全体のために、波照間島民は犠牲になっても構わないと（山下が言っていた）。それなら仕方がないということで…」

波照間の強制移住とスパイ防止。私の中で、このふたつがリンクした瞬間だった。

だが、強制移住は山下の単独の行動ではなかった。背景には、周到に準備された日本軍の住民対策が存在していたことは、1章「日本軍はマラリアの危険性を知っていた」で述べたとおりだ。しかし、さらに重要な決定が沖縄戦開戦の3か月前に決められていた。

1945年1月1日付けで作成された日本軍の作戦計画書「南西諸島守備大綱」。これは沖縄戦研究の第一人者、保坂廣志氏が米国で入手した資料だ。戦時中に米軍が押収し、英文訳されたものが米国・メリーランド州の公文書館に保管されている。

その中で「島民の直接的戦闘力の強化について」と題し、以下の内容が書かれている。

「直接的戦闘に適する島民たちを出来るだけ多く、国土防衛隊、護郷隊などの組織に参加させること。これらの組織は、島民の直接的戦闘力の母体となるべきである」

「直接的戦闘に適する対象は、17歳以上の男性で、健康かつ戦闘意欲の強い者」

つまり、徴兵前の青年を含む一般住民に武器をとらせ、米軍と直接戦わせる方針が決まっていたのだ。その一方で、同書ではこんな取り決めがあった。

「直接的戦闘に参加できない老人や子どもなどは、事前に近くの島、もしくは島内の適切な場所に移住させること。これは軍の作戦を容易に遂行するため、また混乱を防止し、被害を少なくするためである」

移住対象となる「老人、子ども」の定義については、「60歳以上、および国民学校6年生以下」とある。さらに「女性の大半」も「直接戦闘に参加できない者」に含まれ、移住対象となると書かれている。実際に、西表島に強制移住させられた波照間住民のほとんどは、老人、子ども、女性だった。

さらに、移住先については「軍の配備がない孤島に、事前に住民たちを移住させることはしないよう指摘しておく」と書かれている。つまり、「移住先は、軍隊がいる島に限る」ということだ。

波照間から一番近い、日本軍が駐屯している島。それが西表島だったのだ。山下は、住民の命を守ることよりも、住民が米軍の手に渡ることを恐れ、軍隊の監視下に置くという日本軍の計画を着実に実行した。西表島＝マラリアの島に閉じ込められた波照間の住民たちは、そんな作戦計画の中に自分たちが組み込まれていることも知らずに、マラリアの高熱と寒気に襲われながら、次々と絶命していった。

監視下に置かれた住民たち

軍隊の監視下に置かれたのは、波照間の住民たちだけではなかった。

波照間の強制移住の2か月後に起きた石垣島の強制移住について、当時、第45旅団司令部（在石垣島）で作戦を担っていた東畑広吉氏（陸軍少佐、高級部員・参謀長職）が戦後書き残した作戦記録『八重山兵団防衛戦闘覚書』（以降、『東畑覚書』）を見てみると、米軍が上陸した際の作戦についてこんな記述がある。

「状況真に止むを得ざるに至も、最後の一兵迄抵抗を持続」

「状況最悪の場合に於ても…（中略）…主力を以って於茂登岳周辺の複廓陣地を確保し、最後の一兵に至る迄奮闘し、敵飛行場利用設定を妨害」

つまり、敵が石垣島に上陸した場合、最後まで山に立てこもって戦い続けるという作戦だ。その舞台として示されていた「於茂登岳」こそ、石垣島の住民たちが移住を強いられた山だった。

1945（昭和20）年6月、市街地（現在の八重山農林高校）にあった旅団司令部は、退去命令を出した後、於茂登岳の山頂に移転した。山中に隠れた日本軍は、米軍の上陸に備えて配置についていた。住民たちにとって「移住先」となった山中は、日本軍にとっては米軍が上陸した際の「最後の決戦地」だったのだ。さらに、「非戦闘員を誘導して戦闘遂行の妨げとならざるように特に注意を要す」とある。この「非戦闘員」とは無論、一般住民を含む。

その「非戦闘員」の一人として於茂登岳・白水地区に移住したのが、潮平正道さんだ（1章参照）。2010年6月、地元の中学生たちの平和学習として白水を訪れた際、潮平さんは住民たちの移住地の前方に流れる小川の前に立ち、こんな話をした。

「川岸には、日本軍の監視小屋がありました。二階建ての丸太小屋です」

潮平さんは当時、一晩だけこの監視小屋に泊めてもらったことがあると言う。ある晩、母親と二人で山の入り口から自分たちが寝泊まりする小屋へと戻る途中、日が暮れてしまい、夜の山道を歩くのは危険だからと、この監視小屋に泊まることになった。

翌朝、二階の窓から見た光景に驚かされた。川を越えた先、住民たちの移住地へと続く道が一望でき、誰が何をしているのかまではっきりと見ることができた。

潮平さんは言った。

「移住地から勝手に出ていく住民がいないか、市街地にもどっていないか、怪しい人はいないか見張るための小屋でした。移住後、住民のいなくなった住宅街でも憲兵が巡回していました。これも住民の監視のためです。もし、自宅に隠れて住んでいるようなことが見つかれば、軍隊に「スパイ扱い」をされると住民たちは知っていました」

なぜ、住民たちは軍隊の監視下に置かれたのか。それは強制移住が始まる数か月前から始まったと潮平さんは言う。

1944（昭和19）年10月以降、石垣島では日本軍の航空基地を狙って米英両軍による激しい空襲が連日連夜続いていた。「いよいよ、石垣島にも米軍が上陸するのではないか」と住民の間では、戦々恐々とした雰囲気が生まれ始めていたと言う。一方、日本軍基地が空襲を受けると、日本軍は「島内に米軍の手先がいる」「日本軍の配置情報を漏らしている」などとしてスパイ探しが始まり、憲兵たちが住民の行動に目を光らせるようになったと言う。

日本軍にとって、軍事基地は防衛上の極秘施設だ。前出の『東畑覚書』で日本軍の最大の目的が「敵飛行場利用設定を妨害」と記載されているのを見れば、日本軍にとって飛行場は絶対に死守せねばならない最重要地点だったことがわかる。

その建設を総がかりで担い、公私ともに軍隊と生活していたのは、石垣島をはじめ八重山諸島の各地から駆り出された一般住民たちだった。日本軍にとって便利な労働者に過ぎなかった住民たちは、戦況の悪化とともに、敵に情報を漏らす可能性がある危険な存在として見なされていった。

当時の住民たちは、四方を海に囲まれた島という逃げも隠れもできない環境下で、「敵に捕まれば、男は八つ裂きにされ、女は強姦されてから殺される」と島外から攻めてくる米英軍に怯え、島内では敵に情報を漏らすスパイに、なによりも自分自身がスパイだと疑われるのではないかという恐怖感に襲われていたと潮平さんは言う。

「戦争では、敵が来て爆弾を落されるのも怖い。でもそれよりも、戦争で一番怖いのは国民同

島村修さん。左は2017年10月撮影。右は戦時中に撮影した徴兵前の島村さん

士がお互いに見張り合うこと。そして、憲兵が住民を見張ること。兵隊はね、自分がいるところが敵に知られて、自分が殺されるという恐怖感をみんな背負っていたわけですよ。それが悲惨なことを起こしたわけ。戦争マラリアはそういう極限の精神状態の中で起きたんです」

実際、移住先の山中では、住民たちの間である噂が流れていたと言う。

石垣市民の戦争マラリア体験を記録した『市民の戦時戦後体験記録第一集』（石垣市市史編纂室、1983年発行）の中で、当時八重山警察署に勤務していた警察官・桃原用知氏はこう回想している。

「当時、「もし敵軍が石垣島に上陸するようになれば、友軍は避難民を真っ先に銃殺するそうだ。避難民はスパイ行為をするはずだから…」のデマも流布し、避難民の中には警察に申告するものもいた」

果たして、それはただのデマだったのだろうか。

私が当時のことを知る元日本兵を見つけ出すことができたのは、２０１７年10月だった。石垣島に暮らす島村修さん（91）は波照間島出身で、19歳の時に陸軍に徴兵された。

「通常は20歳で徴兵だったけど、日本軍は負け戦の末についに兵隊がいなくなって、一年繰り上げたんです。だから僕は19歳で徴兵検査、一番若い兵隊でした」

そう言って、島村さんは微笑んだ。手元には1枚のモノクロ写真があった。つぶらな瞳を輝かせた純朴な少年がそこにいた。

島村さんは入隊後、すぐに「対戦訓練」を受けた。米軍が上陸した時、爆弾を背負って戦車に突撃し、爆破させる自爆訓練だった。

「アメリカーが来たら、一人一台（戦車を）やっつけるようにと。もし来ていたら、みんな死んでいますよ。それも、当時は当然のこととして考えていた」

そして6月、いよいよ米軍が石垣島に上陸するとの情報を受けて、島村さんは山間部・バンナ岳へ登り、配置についた。島村さんは「これまで練習を重ねてきた自爆をいよいよやる時が来たのだ」と思ったと言う。

バンナ岳にも多数の住民たちが移住していた。

「危ないから、山の中に逃げたらいいからというのが（日本軍の）建前だったと思うが、（住民が）戦いの邪魔になるということだったんじゃないですか。アメリカーが来たら邪魔になるから、山に行かせた方がいいということだったと思う」

島村さんは、「疎開地の入り口には必ず監視役の日本軍がおった」と話す。

「いざという時にはこの人々が何かしたんじゃないか、とは聞いたことがある。日本軍隊が結局、住民を殺すということかもしれんけど…。（住民の中の）スパイを監視する。あるいはアメリカーが来てどうにもならん時には自決。そういうことがあったと思う。そこに軍隊がおったということは…」

山下の肉声

「山下の肉声テープが見つかった」

映画『沖縄スパイ戦史』の共同監督の三上智恵さんから連絡をもらったのは、映画制作の半ばを迎えた頃だった。

那覇市に暮らすテープの持ち主・宮良作さんを、三上さんと二人で訪ねた。宮良さんは元沖縄県議会議員だ。戦争マラリアの国家補償問題の解決に奔走し、八重山諸島での現地調査などを積極的におこなってきた。軍命の証拠を探すなかで、戦時中、八重山諸島に駐留していた日本軍関係者や中野学校出身者に電話取材をした際、電話口で録音機を回していたのだと言う。

「これがそのテープですよ」

宮良さんが私たちに手渡した袋には、数十本のテープが入っていた。

与那国島に潜伏していた中野学校出身者「宮島敏朗」や、石垣島に駐留し、波照間の家畜の屠殺に関与していた「広井修」などの名前がある。その中の一つに、「酒井清」と書かれたテープがあった。これこそ、「山下虎雄」である。収録日は1990（平成2）年3月19日だ。

宮良さんは取材当時の思いを語った。

「一言で言えば証拠を残したかった。歴史上の証拠。大変な、人の命に関する証拠ですよ。（国家補償請求問題が浮上した当時）大した問題になっていなかったでしょ、中央レベルでは。（強制移住にかかわった）本人たちの証言を残しておかないといかんと。必ず物的証拠が必要になってくると」

果たして、山下虎雄こと酒井清氏は何を語ったのか。

テープを再生すると、呼び出し音が数回鳴った後に、「もしもし」と声が聞こえた。どうやら家族のようだった。宮良さんが自己紹介のあと、「酒井清さんへと繋いで欲しい」と願い出る。しばらく保留音が続いた。そして、沈黙は破られた。

「はい、もしもし」

低くしゃがれた声が電話口に聞こえた。酒井氏本人だった。宮良さんが戦争マラリアの国家補償問題に絡み、当時の軍関係者に電話取材をしているとの趣旨を伝える。そして、なぜ、マラリア有病地である西表島の南風見田にわざわざ住民たちを移住させたのかを酒井氏に問う。

私と三上さんは、その会話に耳を澄ませた。

酒井：あれは波照間の人がね（決めた）。（私は）自由に良いところに行けという意味で言った。南風見田に固執しているわけではないの。

上陸地点がね、船で波照間から入りやすい入江があったんでしょう。そこで荷揚げをした方が近距離であるという意味で、南風見田にしたわけね。…（中略）…当時の村議の仲本信幸さんがね、指揮して、やったんですが、波照間の部落民が5部落だったかな、その部落長さん等の意見が揃わなかったわけね。だから（住民たちが）南風見田に残っちゃってね。南風見田に残った人たちはそこから動かなかったわけね。

それで、悪い地域（マラリア有病地）のところで、罹病したわけね。…（中略）…だから軍の命令でどうのこうの、ということはあり得ないんです。

軍がそこの場所に疎開せよとは言っていない。そんなことを聞いています。

宮良：米軍の情報が入って、波照間が無菌地帯（マラリア無病地）であるし、（米軍が）上陸して（波照間に米軍基地を）構えるという情報なんだと、だいたいそういうことでしたでしょうか。

酒井：だいたいそうですね。

宮良：敵が（波照間に）上陸しそうな状況はあったのでしょうか。

酒井：それは、上がらなかったから良かったけど、本島と同じようにね、上がるであろうと、誰しも想像できましたね。台湾を攻撃するのにね、波照間の方が近いし、ここは敵が来るだろうなと思っていましたね。

（中略）

私のところには大本営から情報が入っていましてね。敵がそこ（波照間）に飛行場をつくるという情報が入っていましたわ。波照間は無菌の島であるから。大本営から、直接山下宛に入っていたんですね。無線でね。情報は入ってましてね。これは来るぞと、仲本信幸さんと話していたんですよ。

宮良：仲本信幸さんは逆のことを聞いたらしいですね。（米軍が）すぐ来るはずがないと、北の方に行くだろうと。

酒井：結果論としてね、（米軍が波照間に）上がらなかったのは後から分かったことですから。そんなもの、当時は分からないですよ。本島に来るのか、八重山に来るのか、台湾へ来るのか、敵のことですから分かりませんよ。こちらは推測するしかないですよ。

当時は、考える余地もなかったんじゃないですか。恐くてね。早く疎開したかったんじゃないですか。船が沈むまで早く早く、早く（西表に）行きたい、という、そういうような状況でしたね。

宮良：住民たちの話と違うものですから…。

酒井：わはは、なるほど！（笑い声）そのー、民を虐げてね、軍が横暴を振るうということはなかったと、私は断言できますよ。

さらにこの電話の3日後（1990年3月21日）、宮良さんは再度、酒井氏に電話取材を実施。抜刀し住民を追い立てたことについて、次のように追及した。

宮良：酒井さんは波照間の人たちが西表に行きたくないと拒んだときに、抜刀して追い立てたと聞いているし、また、書物でも読んだことがありますが、そのとおりですか？
酒井：あぁ、そうだよ。そうでないと当時はみんな大騒ぎして意見がまとまらなかったんだ。だから抜刀した。

電話口の酒井氏は、抜刀して住民を脅したことをあっさりと認めた。これを聞いた宮良さんも、あまりにも簡単に認めたことに、多少驚いた様子だ。

宮良：なぜ、抜刀までして追い立てたのか？
酒井：私は旅団本部に行って、旅団長に「命令を出したのか」と聞いたら、旅団長はただ黙って座っていたが、側にいた高級参謀が、「うん、命令出した」と言っていた。これは先日も話したとおりだ。そうすると、旅団長名の軍命が出ていることははっきりしているし、私は軍隊だから、旅団長の命令は天皇陛下の命令だ。「聞かない奴は俺がぶった切る。そいつは前に出ろ」と（波照間の住民たちに）言った。

そして、酒井氏との電話取材は終わった。会話の中で、酒井氏から波照間の人たちへの謝罪の言葉は一切なかった。電話取材から18年が経ち、酒井氏本人はすでに他界している。中野学校出身者の任務は極秘で、戦後になっても詳細を語らずに亡くなった人が多い。

宮良さんは「他界する前に、本当の気持ちを吐露してほしかった」と、悔しさを滲ませる。

「彼と話しながら僕が感じたのは、(酒井氏は) 答弁に慣れているなと。この男たちもやったことには自信はないな、軍の命令だからやっているなと思った。刀を抜いて、文句があったら出てこいとか、天皇陛下の命令だとか。それは、強い男だとは思わない」

宮良さんは八重山諸島の最西端・与那国島の出身だ。県議会議員生命をかけて戦争マラリア問題を追究していた原点には、同じ八重山出身者として、地上戦でも、戦闘でもなく、日本軍によってマラリア地獄へと移住させられ、命を落とした同郷の人々をほおっておけなかったからだと言う。

「死んでいくと分かっていて、島から追い出されて、そして文句の声は通じないと。あまりにひどいじゃないか。みんな投げ出されて死んでいったんだ」

三線と孝子おばあの涙

死ぬと分かっていて、故郷を追われた波照間の人たち。その中に、当時13歳の少女だった浦仲の孝子おばあと、当時9歳だった妹の利子おばあがいた。無論、二人は強制移住の背景にあったスパイ防止の目的も、山下の正体も知る由もなかった。今日まで、失った家族9人の分まで、サトウキビ畑を必死に耕しながら、生きてきた。

２０１７年１月。私は波照間での撮影の最後に、孝子おばあと「パッツアバリ」を訪れた。おばあの父親が埋葬された場所だ。そこは西表島が一望できる海岸だった。

「砂浜は死体であちこち足の踏み場がない。死体の上に死体を乗せるような状態だった」と当時６歳だった金武榮保さんが語った言葉が、私の心に蘇った。マラリアが猛威をふるったのは、西表島から帰島したあとだった。食糧も医療もないなかで、すでに西表でマラリアにかかっていた住民たちは、病状が日増しに悪化し、次々と絶命していった。


戦後しばらくたった頃、孝子おばあは父の遺体を砂浜から墓に移した。

「砂浜に目印つけたから分かったさ。綺麗に洗ってお墓に収めたさ」とおばあは言う。

私は、父親のことを再び聞くことにした。娘に十円札を握らせて亡くなった父親は、マラリアにかかる前、それこそ戦争前、どんな人だったのか。浦仲家はどんな暮らしだったのか。戦争マラリアで犠牲になった一人ひとり、それぞれに人生があり、人格があり、夢があり、喜び、悲しみがあった。そのことを私はドキュメンタリー映画『沖縄スパイ戦史』の中で伝えたかったのだ。

「分からんよ、写真もないのに」と孝子おばあは言いながらも、少し考えてから、にこりと微笑んだ。

「私は誰に似たんだかねぇ…、お父さんは、私みたいに怒りっぽい人じゃなかったよ」

その「お父さんは」という呼び方が、とても自然だった。まるで今、この瞬間、おばあの目の前にいる父に呼びかけるように。

「漁師で、投網もよくやったんだよ」とおばあが言う。

「魚をいっぱい釣ってきたの？」と私は尋ねた。おばあが言葉を続けた。

「そう。朝早く起きて、魚とってきて。朝ごはんのおつゆは、魚のおつゆだったよ。私は、ご飯炊く係だったよ」

私は、あったかい魚のおつゆとご飯が並ぶ食卓を想像した。その周りに、13歳の少女・孝子が9歳の妹・利子と並んでいる。姉や弟など6人の子どもたちがいる。海からたくさんの魚を持って帰ってきた漁師の父親がいて、手料理をふるまう母親がいる。暖かな団欒の時間を過ごす、浦仲家の朝食の風景を思い描いた。軍隊が奪ったのは、そういうどこにでもある日常だった。

「あがやー、もっと兄弟がおったらいいのにと思うけど…。なにがぁ、みんなマラリアで死んでしまったのに…」

孝子おばあが呟いた。

「この歌が好きなんだよ。踊りが面白いよ」

利子おばあが、ある日、古典民謡の楽譜（工工四）を見せてくれた。八重山で語りつがれてきた歌『真南風節《まへーらちぶし》』。歌の主人公「まへーらち」は、幼くして親を失った子どもだ。私はドキュメンタリー映画の中に、その歌を入れることにした。

ある晩、私の三線の先生、みっちゃんおばあにその曲を歌ってもらった。一緒に聴きたいと言う孝子おばあを連れて、みっちゃんおばあの家で収録をすることになった。三線の音色が響くと、孝子おばあは目をつむって、歌声に耳をすませていた。私はビデオカメラを回した。歌詞は、日本語にするとこんな内容だ。

まへーらちは　生まれながらに美しい子どもだった
5歳の頃に　父親が死んでしまった
7歳の頃に　母親が死んでしまった
それでもたった一人で　今日まで必死に生きてきた

歌三線を奏でるみっちゃんおばあにビデオカメラを向けながら、私は、学生時代、波照間に住んでいる頃に孝子おばあが言った言葉を思い出した。

「戦後は、食べていくのに、生きていくのに必死だったのに…」

ポツリと一度だけ言ったおばあのその言葉を、私はずっと忘れられなかったのだ。

ビデオカメラのファインダーをみっちゃんおばあから、ゆっくりと孝子おばあに移した。孝子おばあは泣いていた。瞳を真っ赤にしながら、涙をこぼさないようにと堪えていた。

「なつかさだむて……（悲しかったよ）」

そう言うと、孝子おばあは手のひらでごしごしと瞳を拭った。みっちゃんおばあが優しく語りかける。

「なぁ、亡くなった親の代わりになって、妹の面倒みたから…」

すると、孝子おばあは、ぼろぼろと大粒の涙をこぼした。

「この歌を聞くと思い出すさ。マラリアの時のこと。でーじやったすかよ（辛かったよ）…お父さん、お母さん、みんな亡くなってしまったのに…」

私はカメラのファインダー越しに、孝子おばあを見つめていた。泣き顔は、まるで幼い子どものようだった。ああ、そうか、おばあの痛みはあの13歳の時のままずっと止まっているのだ。そう感じた時、私は涙を止めることができなかった。覗き込んだファインダーが滲んで、見えなくなっていった。

戦争マラリアが、住民を犠牲にした日本軍の残酷な作戦が、孝子おばあから奪ったもの。この島の人たちの人生から奪ったもの。その大きさに気付かされて、私は心が苦しくて、痛くて、堪らなかった。

最終章

なぜ今、戦争マラリアなのか

2018年　与那国島、石垣島、米国

2016年3月、与那国島に配備された陸上自衛隊レーダー基地

日本最西端の自衛隊基地・与那国島

石垣空港から与那国島行きのプロペラ機に乗る。眼下に広がるサンゴ礁の海の中に、竹富島、黒島、西表島などが飛び石のように浮かんでいる。やがて、それらの島々が見えなくなると、濃紺の深海が延々と続く。約30分の飛行ののち、断崖絶壁の島が現れた。まるで巨大な軍艦のようだ。切り立った壁と、不安定な天候ゆえに、八重山の言葉で「渡り難い島」を意味する「どなん（渡難）」という名が付けられたというのも納得だ。

２０１８年7月、私は日本最西端の島、与那国島を訪れた。八重山諸島初の自衛隊基地、陸上自衛隊レーダー部隊（沿岸監視隊）が２０１６年3月に配備されてから2年半が経った島は、どうなっているのか。現状を取材するためだ。この取材はフリージャーナリストの笹島康仁氏と共同でおこなった（記事は同年9月20日ヤフーニュース特集『自衛隊が来て島は…日本最西端の島「与那国」を行く』を配信した）。

与那国空港から、自衛隊基地が建設された南部へとレンタカーを走らせた。美しい牧草が広がり、島固有種の与那国馬が自由に駆けていた南牧場は、いまや見る影もなく、厳重なゲートに取り囲まれた自衛隊基地に代わっていた。その内部で闊歩する迷彩服の隊員が見える。

自衛隊宿舎がある比川地区では、島の伝統行事「豊年祭」が開催されていた。島の神聖な区域「御嶽《うたき》」の周りにはお年寄りから子どもまでが集まり、豊年と無病息災を祈願し、三線や与那国民謡、舞いを奉納していた。副町長の金城信浩さん（74）は住民たち約100人が舞い踊る様子を眺めながら、「最高ですね」と笑顔を見せた。

「今年は自衛隊が9世帯入った。祭りの出し物も増え、かなり盛大になりました。（隊員たちは地域に）溶け込んで、いろんな行事に参加してくれる。助かっています」

祭りの中では自衛隊員もマイクを握り、住民たちに向けてこう話した。

「我々、駐屯地としては与那国の安心、安全、充実発展のために、隊員一同頑張っていきますので、今後ともどうぞよろしくお願いします」

会場からは割れんばかりの拍手が鳴り響く。

祭りの最後、住民たちが手を取り合い、輪になって与那国民謡を踊った。それは「茶碗に盛ったお神酒の水面ように、静かな、平和な世を願う歌」だという。

島内を歩けば「隊員募集」「美ら島を守る」など自衛隊関連のポスターがあちこちに貼られている。与那国小中学校の前に新設された自衛隊宿舎を訪れると、今から出勤なのだろうか、迷彩服姿でゴミ出しをする隊員がいた。

配備から2年半、自衛隊は島の日常生活になんら違和感なく溶け込んでいた。

与那国島で自衛隊の誘致計画が浮かんだのは2007年。町民有志が「与那国防衛協会」を立ち上げ、誘致を求める署名514人分を集めた。その2年後、外間守吉《ほかましゅきち》町長は防衛省で直接、配備を要望。その後、浜田靖一防衛相（当時）が歴代の防衛庁長官、防衛相として初めて島を訪れ、与那国を含む先島諸島に部隊を配備していく考えを示した。

２０１５年２月、自衛隊配備計画を巡り、島を二分する激しい住民投票がおこなわれた。投票率は85・７％を記録し、賛成６３２票、反対４４５票、無効17票。「誘致賛成」で決着した。


しかし、実際に配備された今でも不安が払拭されたわけではないと、反対票を投じた住民たちは話す。レーダー部隊の任務は情報収集だ。「もし有事になれば、真っ先に敵の標的になる」という不安、さらに、レーダー基地から派生する電磁波に対する恐怖も抱いていた。

島という小さなコミュニティーの中で「反対」の声を上げ続けることは簡単ではない。まして、隊員の家族や子どもたちが地域に溶け込んだ今はなおさらだ。実際、反対票を投じた住民たちの多くは、実名での取材を拒んだ。

50代の男性は「表立って反対できない空気が生まれた」と言う。「自衛隊に頼らずに、島の資源と島民の力を使って住民たちの力で町の財政難を乗り切るべき」という思いから、住民投票では反対票を投じた。

「島に住む隊員個人が嫌いなわけじゃない。目の前にいる人ですから。子どもが増えて、小学校の複式学級も解消されました」

しかし、疑問は残る。最近あった地区対抗の運動会では、自衛官が各競技の優勝をほぼ独占したと言う。

「何のため、誰のための行事か分かりません。自衛隊が手伝ってくれるからと、行事の準備などに顔を出さなくなった住民も増えました」

自営業の50代女性は、誘致反対運動に加わっていた。

「国の言うことを聞けば、お金はどこからか出てきます。国に従う人は何も困らない。けれど、『おかしいな』と思う人はどんどん地域に居づらくなる」

2017年4月におこなわれた駐屯地の創立1周年記念行事で、彼女は「反対」の意思を表明するため、仲間と一緒に門前に立った。ところが、報道陣はほとんど来ない。後で聞くと、島外から来た多くの記者は自衛隊の輸送機で那覇から与那国空港に着き、防衛省側が用意したバスで裏口から駐屯地に入ったと言う。

「何これ、と思いました。こんな小さな反対運動を怖がる防衛省も、それに甘んじるメディアも」

自衛隊誘致計画が浮上した当時から反対運動を続けてきた「イソバの会」のメンバー、狩野史江さん（58）も表立っての反対ができなくなったと言う。

狩野さんが「誘致の話が出た時、何としても止めたかった」という背景には、長年、米軍普天間基地がある宜野湾市で暮らした経験があった。

「2001年、9・11米国同時多発テロの直後、基地周辺の警備が厳重になり、それで『基地のある所が狙われる』と実感しました。それが嫌で島に戻ってきたのに……」

自衛隊配備をめぐり地域は分断され、友人関係、家族関係にも亀裂を残した。「賛成多数」

となった住民投票のあと、地域に居づらくなり、出ていった人たちも少なくないと言う。

「長い目で見れば島にとってマイナスです。(今も反対する人は) 声に出してないだけ。小さな島だから、声に出しづらいですよ」

自衛隊誘致したけれど…

日本本土から見れば与那国は最西端の領土である。国境に位置する島の住民たちが誘致「賛成」に票を投じたことは、防衛上の理由から当然だと思う人も多いだろう。国境の暮らしは、緊迫しているに違いない、と。

しかし、「賛成」の住民たちに話を聞くと、それとは全く異なる声が聞こえてきた。

「僕らはもともと近隣(諸国)との対立関係とか危機感とか、ほとんど持っていないんですよ、実を言ってね。今日までそうなんですけどね」

そう語るのは自衛隊誘致の先頭に立ってきた現与那国町長・外間守吉氏だ。地元経済最優先を掲げる外間氏は、町議、町議会議長を経て2005年の町長選で初当選。以来、町長の職にある。

「ただ、国策があって、やはり(与那国は)国境だなと。領海・領域といったことをきちっとしなきゃいけない。そこに自衛隊が必要だと。そういうかたちで、後出しで理解するというものでしかなかったのかなと、私は見てますけど」

与那国島には、アジア諸国と沖縄・日本を結ぶ地点として海洋貿易で栄えてきた長い歴史がある。カジキマグロを追って60年以上国境の海で生きてきた漁師の男性は、誘致「賛成」だ。しかし、胸中は複雑だ。

「日本復帰（1972年）前は、台湾とみんな友だちじゃ。だから向こうに行ったり、台湾の人と（船を）くっつけてご飯を食べたり、色々とお世話になったけど…いまは喧嘩やらないといけない。いまは与那国は日本だから、彼らとは喧嘩バンバンやらんといかん。やっぱり復帰やらん時が良かったけど、やっぱり復帰したらな、島を守らんとならんからな」

誘致の理由が、周辺諸国からの脅威ではないとすると、真の目的は何だったのか。外間町長は「誘致のおかげで町財政の危機を乗り越えることができた」と話す。

外間町長の説明によると、誘致の背景には深刻な人口減少と高齢化に加え、町財政の急速な悪化があった。小泉政権時代の行財政改革で地方交付税交付金が削減され、1990年代に30億～40億円だった一般会計予算が、2007年度に18億円を割り込んだ。ほぼ半減だ。

町長や職員らの給与を減らし、町議会議員も半分の6人にしたが（2018年9月の改選で定数は10に増加）、追いつかない。外間町長は「自衛隊誘致しかなかった」と振り返る。

配備後、町財政は瞬く間に改善した。2016年1月時点で1490人だった人口は1700人台に。その人口増などによって交付金は増え、2016年度の地方交付税は15億2237万円。2年前より約1億8000万円増えた。住民税を軸にした税収増は約3000万円。これは自主財源の3分の1に当たる。

一方、配備に「賛成」を投じた住民たちにとっても、一番の理由は高齢化による過疎化、そして何よりも雇用問題だった。

歯止めがかからない与那国島の現状のなかで、目の前に現れた自衛隊配備案。「仕事があれば、島を出た若者たちが戻ってきて、ここで家族を養うことができるのではないか」と賛成票を投じた住民たちが多かった。

住民投票で賛成に投じたという住民の一人は、「自衛隊でなくても、雇用が生まれるなら、なんでもよかった」と語った。

しかし、実際に配備されてみると、レーダー基地という特殊任務の部隊で一般人ができる仕事は少なく、結局、与那国町が期待していたような「雇用対策の起爆剤」とはほど遠い現実が待っていた。

その理由を外間町長はこう説明する。

「(自衛隊基地関連の仕事として)事務職とか、作業工程があるんですけど、なかなか難しい。(採用は)資格保持者に限定されている。例えば、下水道や浄化槽などの工事については、地元にこういった資格を持っている方がいらっしゃらないですから、ほとんど、沖縄本島の業者に委ねていく以外ない。基地中の事務職については防衛省が直接(雇用)でなく、民間に委託して、採用試験をするんですけど(与那国町民が)合格しきれないというのが実情ですね」

「島の若者たちが定住できるような、島を離れた若者たちを呼べるような魅力があるものでは

与那国島の自衛隊基地。中央の建物が弾薬庫であることが東京新聞の取材で明らかになった（2018年撮影）

ないということだけは、はっきりしています」

島民に秘密で弾薬庫配置

しかし、島の人たちが自衛隊に抱く期待とは無関係のところで進むのが、国防政策である。

２０１９（令和元）年５月27日、東京新聞は一面トップで「弾薬保管　与那国も説明せず」という見出しのスクープ記事を出した。軍事産業の問題を追及してきた望月衣塑子記者の独自取材だ。

「日本最西端の与那国島（沖縄県与那国町）に２０１６年３月に新設された陸上自衛隊「沿岸監視隊」配備を巡り、防衛省が２０１３年８月に町に提出した住民への説明資料に、駐屯地内に迫撃砲弾などを保管する弾薬庫を「貯蔵庫」と記載していたことが、町や防衛省などへの取材で分かった。弾薬を保管することが一切説明されないまま住民投票がおこなわれ、配備に賛成の結果が出ていた。防衛省については、今年3月に開設した宮古島の陸自駐屯地内の弾薬庫についても、住民に「弾薬庫ではなく保管庫」と説明していたことが判明している」

「町によると、防衛省は2013年8月、「与那国駐屯地等の整備について」というA4判13枚ほどの資料を示し、外間守吉町長ら複数の担当者に配備を説明した。資料には建物計画概要や景観計画、完成イメージ図、環境保全計画などが記載され、迫撃砲弾などを入れる弾薬庫は「貯蔵庫施設」と書かれていた。何を入れるかの説明はなかったという。町はこの資料などをもとに、2014年2月に住民説明会を開いた。「貯蔵庫」には言及せず、住民からの質問も、誘致理由や、レーダーの人体への影響、有事の際の避難経路、基地建設後に米軍が使用する可能性などに集中したという」

「着工後の2015年2月、誘致の是非を問う住民投票がおこなわれたが、賛成632票、反対445票と、約6割が賛成する結果に。1年後に沿岸監視隊が発足。その後、防衛省は赤嶺政賢衆院議員の質問に、弾薬庫であることを認めた。防衛省整備計画局の複数の担当者は、取材に「部隊を配備するのだから弾薬を置くのは当然で、隠す意図はなかった。これまで呼称が貯蔵庫や保管庫、弾薬庫など統一されていなかったので、今後は『火薬庫』にする」と説明した。どんな弾薬を保管しているかは「防衛上の機密で答えられない」とした。一方、ある陸自幹部は取材に「陸自部隊の標準装備である迫撃砲弾と中距離多目的誘導弾、対舟艇・対戦車誘導弾などは配備されているはずだ」と推測した」

一度、自衛隊が配備されれば、住民たちの関知できないところで物事は動いていく。例えそれが自分の島で起きていることだとしても、「防衛上の機密」の一言で、住民たちの手から遠ざけられていく。与那国では今、まさにそれが現実の問題として起きている。それは基地があるところ、どこでも起こり得ることだ。

「自衛隊員と心中する覚悟を」

自衛隊配備計画は石垣島でも進んでいた。2018年3月におこなわれた石垣市長選。ここでは自衛隊配備問題が争点となっていた。しかし、3期目を目指す現職、中山義隆候補は自衛隊配備について賛成の立場を取りながらも、「配備はあくまで国の専権事項」だとして、この問題が選挙の争点となることを避けてきた。その代わりに、選挙活動では「経済と雇用」を前面に押し出した。

投票日を控えた最終演説で、中山候補は石垣島の繁華街に立った。集まった支援者たちに向けて、「自民党、公明党、日本維新の会、幸福実現党から推薦をもらった」「国政としっかりと手を結ぶことができている」と強調した。

「石垣をもっと豊かにする。市民の皆さんの生活をもっと豊かにする。島をこれからもっともっと元気にしていく。ここに住んでいる若者たちが仕事をすることで安定した収入を得て、石垣市の将来に大きな夢を描くことができる」

一方、配備に反対する住民たちは、自衛隊の実態をきちんと学びたいと、2018年1月、勉強会を開いた。取材に訪れた会場の石垣市民会館大ホールは7割ほど埋まっている。子どもを連れた若い女性や、高齢者の姿が目立つ。講師に招かれたのは、元陸上自衛隊レンジャー部隊隊員・井筒高雄さんだ。

井筒さんは高校卒業後に陸上自衛隊に入隊し、橋桁爆発や工作活動など特殊任務を専門とするレンジャー部隊に入った。「一人で一個中隊分の仕事をする。飲まない、食べない、寝ないの中でも任務遂行」を基本とするため、入隊前には遺書を書いたと言う。

住民たちに向けて、井筒さんはこう断言した。

「自衛隊は国を守る。みなさんを守るためにやられちゃったら、防御できない。住民を守るためじゃない。有事の際は、みなさんを守らない」

井筒さんがこう指摘する背景にあるのが、2015年に改定された「日米新ガイドライン」だ。18年ぶりの改定で、新たに盛り込まれたのが、離島が一度敵に占領された後におこなわれる「離島奪還作戦」。作戦の主体は、米軍ではない。日本版海兵隊として新設された自衛隊水陸両用部隊だ。

元自衛官・井筒さんは「日米新ガイドライン」のもとで有事が起これば、島に暮らす住民たちは必ず巻き添えになると訴える。

「離島奪還作戦では、一回（敵に）占領され、そのあとに自衛隊が奪還する。住民たちが人質になるのか、収容所に入るのか、はたまたその国に持って行かれちゃうのか、分からない。四方八方海ですから、住民たちの逃げ場がない」

井筒さんの説明によると、現行の「自衛隊法103条」によって住民たちは業務従事命令や協力を求められる。さらに有事の際には生活のあらゆるものが作戦優先で使われることになる。

「ミサイルは島中を縦横無尽に動く必要があるので、住民たちは交通規制で逃げられない。災害派遣という看板を使って、道路を優先的に使えるのは、警察車両、消防車両、自衛隊。住民たちは使えないいんです。みなさんが基地を抱えるということは、いざという時に、こういう命の順序だと理解していただきたい」

さらに井筒さんは、「自衛隊が入れば、情報収集によって街が変わる」と指摘する。自衛隊の情報保全部隊が地域の中に入り込み、「誰が自衛隊に反対しているのか、賛成しているのか」を見極め、「反対している人は一本釣りし、自分たちの味方じゃない人たちは攻撃対象とする」という。実際、レンジャー部隊にいた井筒さん自身も、情報管理について徹底的な訓練を受けたという。

「捕虜になった時に口を割らない訓練をした。情報漏洩が発覚したり、（任務中の姿を）見られたら、小さな子どもであろうと成人であろうと、いくら「話さない」とはいえ口を割るのが人間のセオリー。任務のために相手を殺傷するのか。それを選択せざるを得ない。秘密裏はレンジャーの鉄則。そういう状況になってしまった時、一番大事なのは任務遂行。人間の命は除外という現場に変わる」

最後に井筒さんは、こう断言した。

「残念ですが、軍隊の論理としては人を守る役割はなくて、権力者、基地をどう守るか。それが自衛隊に求められる自衛隊法3条の国土防衛です。自衛隊の本質を理解する必要があると私は思います。少なくとも基地を受け入れるということは、隊員と心中する覚悟をしてください」

在沖米軍の意味

この作戦に米国はどう絡んでいるのか。私は、この問題に米国から警鐘を鳴らしてきたアメリカン大学のピーター・カズニック教授（歴史学）に話を聞くため、2018年2月、ワシントンDCに飛んだ。米国の核戦略の専門家であり、映画監督オリバー・ストーンとの共著『オリバー・ストーンが語る もうひとつのアメリカ史』や『オリバー・ストーンの「アメリカ史」講義』などの執筆者として知られている。

カズニック教授はまず、沖縄の米軍について「日本を守るためではなく、米国の帝国主義を守るために配備されている」と断言した。

「沖縄の米軍の80％は攻撃を目的とした海兵隊で、沖縄を拠点として世界各地へと派兵されて

ピーター・カズニック教授（2018年2月、米国ワシントンDCの自宅にて）

います。実際に、沖縄からベトナム、イラク、アフガンなどの戦場へと派兵されました。彼らの任務は、沖縄を守ることでも、日本を守ることでもありません。むしろ、沖縄と日本をより危険な立場にしています。敵にとって沖縄は、動かない、いつでも簡単に攻撃可能な標的なのですから」

実際にキューバ危機の際、沖縄に配備されていた米軍ミサイルの矛先は中国だった。カズニック教授は「中国、おそらくロシアも、沖縄の米軍基地が自分たちを狙ったことを知っている」と指摘する。

「もし次の戦争が起きれば、最初に標的になるのは沖縄です。沖縄の人たちは沖縄戦の経験から、軍事基地が身近にあることの危険性を知っています。自衛隊員や米兵だけではなく、一般市民が死ぬのです。再び戦争で使い捨てにされたくないから、反対しているので

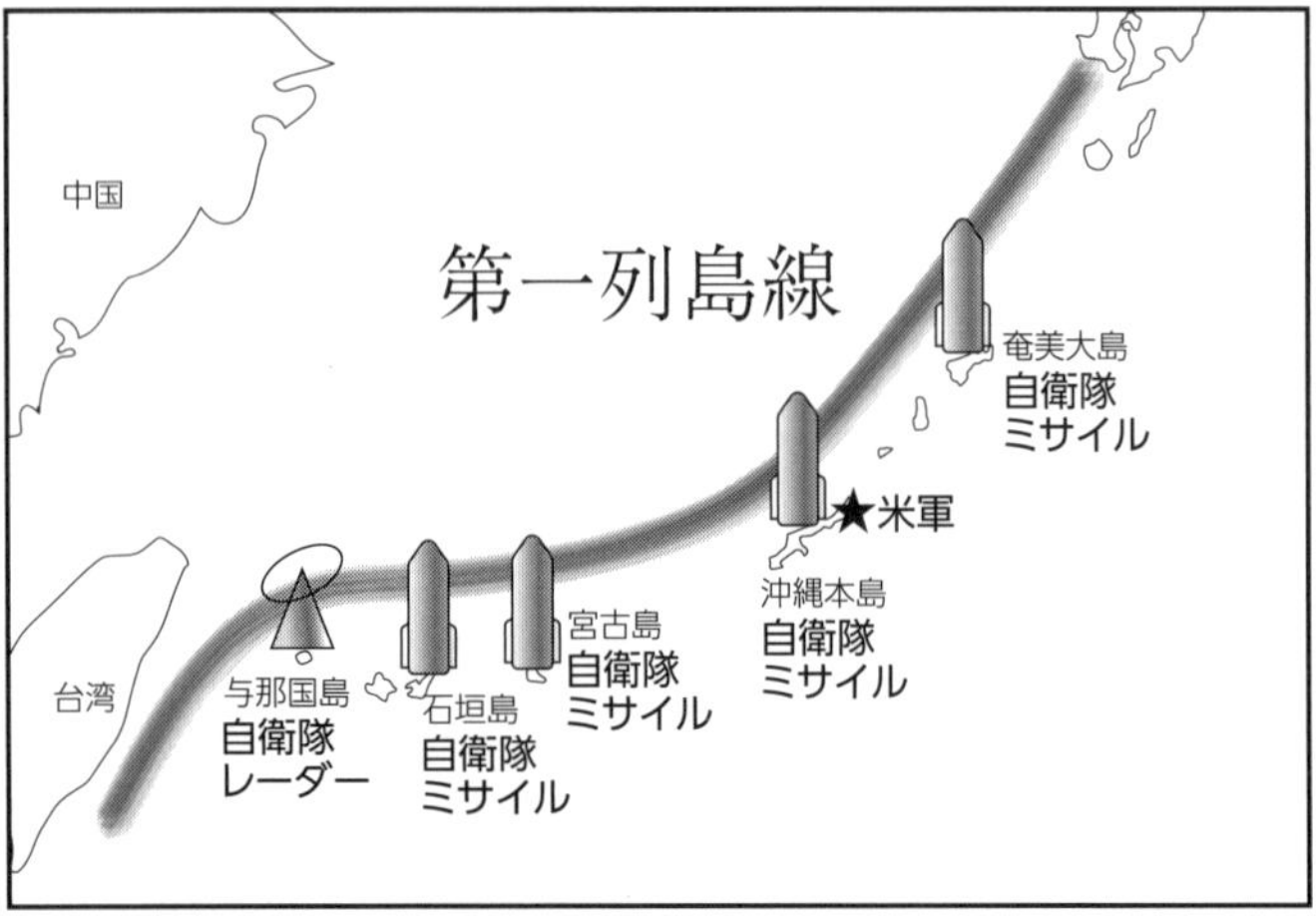

琉球列島で進む軍事基地

す」

琉球列島の地図を広げてみると、西から与那国島にレーダー基地（2016年3月配備完了）、石垣島では陸上自衛隊ミサイル基地の工事が進み、宮古島でもすでに存在する航空自衛隊基地に加えて、新たに陸上自衛隊ミサイル部隊を配備するため、弾薬庫などの建設工事が進んでいる。

さらに沖縄本島では既存の米軍基地32施設に加えて、辺野古新基地、高江ヘリパッドが県民の反対の声を押し切って建設されている。琉球列島の北に位置する奄美大島にも新たな自衛隊ミサイル基地が建設中だ。これは琉球列島全体の日米による軍事基地化を意味する。カズニック教授は、この背後にある米国の意図をこう指摘する。

「自衛隊による八重山諸島の要塞化を、米国は積極的に支持しています。ある意味、自衛隊は米軍にとって対中国の最前線の部隊です。これを中国の視点から見ると、日米両軍による中国への威圧以外に他なりません。中国にとって、八重山諸島への自衛隊配備は、軍事危機の一環であり、日本の再軍備化であり、米国の太平洋戦略の一環です」

カズニック教授によれば、ターニングポイントは2011年11月、ヒラリー・クリントン氏が雑誌『フォーリン・ポリシー』に寄稿した記事「米国の太平洋の世紀」だった。そこでクリントン氏は、「アジア・ピボット（アジア脅威論）」という考えを打ち出した。カズニック教授は言う。

「陳腐で、傲慢な言葉に聞こえるでしょうが、そこで彼女は「21世紀は米国にとって太平洋の世紀になる」と書きました。米国はアジア地域で独占的地位を確立すべきだと。

実際に米国は19世紀終末から、フィリピンをはじめアジア地域に軍事的、経済的に介入してきましたが、これをさらに積極的にやろうとクリントン氏は考えていました。彼女はきちんと分かっていたのです、「日本は米国の政策を支持する」と。そのためには、日本人に対して、中国と北朝鮮への恐怖を抱かせなければならないと考えました」

背景にあるのが、「死の商人」と呼ばれる巨大軍事産業だ。ノースアップグラマン、ボーイング、レイセオンなどの巨大軍事産業には「爆弾がひとつ落ちるごとにポケットにドルが入り、人が殺されるごとに、銀行口座に現金が入る」。「アジア・ピボット」を広めることで、米国は台湾、日本、フィリピン、ベトナムなど、アジアのあらゆる国々に武器を売りさばき、莫大な金を得ていると、カズニック教授は指摘する。

「日本政府の片手には米国がいて「国民に恐怖心を抱かせろ」と言う。もう片方の手には、中国と北朝鮮の現実的な脅威が存在する。プロパガンダと現実、この二つのコンビネーションが日本人を怯えさせています。身近に恐怖を感じている日本人は、自分たちの防衛力は不十分だと考え、自衛隊強化を支持する。米国の核の傘の下にいることは、中国、北朝鮮の脅威から身を守るために不可欠だと思っているのです。

一方で、自分の家の庭に基地を置きたくないから、沖縄に置いておけと言う。沖縄だけが苦しめばいい、と。そういう点では、沖縄は常に米国の植民地ですが、日本もある意味で米国の植民地です」

「米国にとって日本は、自国の「ミリタリー・マシーン」を動かすために不可欠な道具にすぎません。ベトナム、イラク、アフガニスタンで、沖縄や日本の米軍基地は戦争遂行のための重要な地点でした。日本は、米国の「アジア・ピボット」の中心地です。しかし、その道の先にあるのは、より危険な未来です。戦争勃発の可能性は増し、危機的な状況になってしまいます」

と、カズニック教授は指摘する。

米国による日本の再軍備化

この根元はどこにあるのか。答えを知るためには、第二次世界大戦終結後の日米間の動きを知る必要がある。

1945（昭和20）年9月2日、日本の降伏文書調印によってアジア太平洋戦争が終結した。占領軍（主に米軍）による日本占領は、1951年サンフランシスコ講和条約の締結まで続いた。翌年4月、サンフランシスコ講和条約の発効によって、沖縄、奄美諸島、小笠原諸島が日本から切り離され、米軍の占領下に置かれ、沖縄では1972年まで占領が続いた。

サンフランシスコ講和条約では、占領軍撤退が約束されていた。しかし、現在も日本全国に130もの米軍施設（米軍専用施設は78施設。総面積2億6317万6000㎡のうち約70%が沖縄県に集中）があり、約5万5000人の米兵を抱えたままだ。

独立国である日本に、なぜこれほどまでの外国軍が駐留をしているのか。それを可能にしたのは、サンフランシスコ講和条約に盛り込まれていた「90日ルール」と呼ばれる抜け道だった。日本に駐留する占領軍に対し、条約発効後90日以内の撤退を定めておきながら、ただし書きで「特別の協定があれば外国軍隊の駐留を妨げない」としたのだ。

この「特別な協定」としてサンフランシスコ講和条約と同日に結ばれたのが、日本への米軍駐留を認めた日米安保条約（旧安保）だった。背景には1951年、講和条約交渉時の米側代表ダレス氏が「日本に我々が望むだけの軍隊を、望む場所に、望む期間だけ駐留させる権利」を主張したことがある。「全土基地方式」と呼ばれるものだ。つまり、合法的かつ制度的な米軍占領を可能とすることが前提の「日本独立」であり、当時の日本政府が諸手を挙げてPRした「主権回復」は看板にすぎなかったのだ。

カズニック教授は言う。

「ここで重要なことを指摘しておきたいのですが、米国は諸外国の内政に70年以上、日常的に干渉し続けてきました。その最たる例が日本です。1950年代、米国は自民党設立に加担し、その後、自民党の独裁体制を可能にし続けてきました。過去70年間のほとんどを。

1957年に総理大臣に就任した岸信介は、A級戦犯であり、安倍総理の祖父です。1960年には新日米安保条約に対する大きな反対の運動が起きたにもかかわらず、岸は、真夜中に法案可決をおこないました。総理大臣の座を辞職したものの、彼がつくった日米安保体制は、あれから58年になる今に至ってもなお、残り続けています」

なぜ、米国はそこまでして日本を米国の管理下に置こうとしたのか。

背景には、1947年から始まった冷戦があった。1949年8月、ソ連が最初の核実験をおこない、中国では共産党革命も起きた。翌年には、米国に対抗することを目的とした中ソ友好同盟相互援助条約を中国とソ連が締結。アジアにおける共産主義の台頭は米国にとって恐怖だった。1950年6月に朝鮮戦争が始まると、米国は軍備拡大と共産主義撲滅のチャンスと捉え、日本に平和憲法を放棄させ、米国の仲間として朝鮮戦争に参加させようと考えた。

カズニック教授は「米国は日本に平和憲法を制定した直後、早々に考え方を変え、日本を軍事的に利用しようと考えた」と指摘する。

「米国は第二次世界大戦での日本軍の動きを見て、有能な軍隊だとみなしていました。米国は日本の再軍備を切望し、米国は日本に対して、自衛隊をつくるよう促したのです。しかし日本人は、再軍備を認めませんでした。だから米国は、日本の軍事力を強化するために、別の方法を探さねばなりませんでした。その方法は非常にゆっくりとおこなわれました。日本人が抵抗心を持っていることを、米国は知っていたからです。1954年の自衛隊設立から、ゆっくりゆっくりと、ことを進めてきたわけです。

しかし、長期的な目標は変わっていません。日本を「ノーマル・カントリー(通常の国家)」にすること。つまり、米国と一緒になって戦争に行き、人を殺害できる国にすることです。米国や他の国々が歴史的にずっと繰り返してきたことを、日本にさせようということです」

「米政府とCIAは、自民党の誕生に加担しました。自民党は、設立当初から、日本を「通常の国家」に変えたいと思っていました。「通常」とは、つまり、平和憲法を破棄する国ということです。しかし問題は、平和憲法は非常に有名な存在になっていたことです。ですから、自民党は、長い間、目的を果たすことができずにきましたが、ここ最近になって、大きな変化が起きました。安倍総理の再選です。

安倍政権は、ふたつの目標を掲げていました。ひとつは、日本の再軍備。第二に、歴史の修正でした。従軍慰安婦の問題など、第二次世界大戦前と戦時中の歴史を全て「ホワイト・ウォッシュ」(汚れをきれいに洗い流し、漂白)することです。

それは安倍政権にとって、絶対にやらねばならないことでした。なぜなら、日本がアジア諸国に対しておこなった残虐行為をはじめとする過去の歴史を、日本国民が覚えている以上、国民は安倍政権が目指す再軍備に反対し、阻止するからです。ですから、再軍備を達成するためには、まず歴史を綺麗さっぱり白紙化しなければならないと、安倍政権は考えたのです。教科書の変更もその一環です。目標のために全力を尽くしたわけです。

しかし、試みの最中の2007年の時点では、日本国民はまだ心の準備ができていませんでした。2012年、安倍総理が再選された時、彼は前回よりも賢くなっていました。つまり、再軍備ではなく、「アベノミクス」を前面に押し出し、日本経済の再生を掲げたわけです。経済発展を掲げることで、自民党への支持を集め、そこから再軍備を進めようと考えました。

そして、新たに安保法を成立させ、国家安全保障会議（日本版NSA・米国家安全保障局）も作り出し、防衛費を拡大しながら、ゆっくりと、憲法9条をなくす方向へと進めてきました。無論、それが国民に支持されているわけではありません。国民の多くは、未だ憲法9条改正に否定的です。しかし、実際は、安倍政権は集団的自衛権を可能としたことで、もう憲法9条改正なしでもできる体制を作り上げてしまったのです。米国の「アジア・ピボット」の政策に乗じ、武器輸出まで始めた日本。再軍備は着々と進んでいます」

インタビューの最後に、カズニック教授は、日本人に向けて伝えたいとしてこう話した。

「日本は、「自衛」という名の隠れ蓑のもとで間違った方向に進んでいます。覚えておいてください。戦争をする時、全ての国は「これは自衛のための戦争だ」と言います。「我々は悪の勢力と戦っている」「彼らを倒そう」などと。日本もかつては、米国が日本の石油供給を止めた、アジアの人々を植民地主義から解放するために戦争をするのだ、と言っていました。

米国は、ベトナム戦争で大量の一般市民を殺害しましたが、レーガン大統領は「名誉の結果」と呼びました。みんな自衛、災害救助、などという言葉には警戒心が下がるのです。これらの言葉に人々は惑わされやすいのです。

しかし、現実を見てほしい。現実に起きているのは、日米による合同軍事活動です。「自衛」という布を一枚剥がせば、出てくるのは、攻撃を前提とした軍隊として機能するための、軍事訓練です。自衛隊はすでに南スーダンに派兵されましたし、米軍との共同訓練をおこなっています。

もし、日本が次のステップへと進み、憲法9条を改正するならば、自衛隊は、自衛ではなく、攻撃を前提とした軍隊になるわけです。米軍と一緒に派兵されるわけです。米国の帝国主義を守るためにです。日本はそのための「ジュニア部隊」に他なりません。

その時私たちが目撃するのは、日本の若者たちがボディーバック（死体袋）に入って帰ってくる姿です。これまで米国の若者たちが米帝国主義を守るために犠牲になってきたのと同じことが起こるのです。数千人も、何万人もの、若者たちですよ。日本は、今これを止めなければ手遅れになります」

「また戦争をするんかやぁ」

２００９年からの10年間、私が戦争マラリアの取材の中で出会った戦争体験者たちは、八重山諸島への自衛隊配備について、誰もが危機感を持ち、反対の声をあげていた。

『沖縄県史』の発刊にあたり波照間の戦争マラリア体験者たちの聞き取り調査をしてきた玉城功一さんもその一人だ。

「戦前は南から米国が攻めてくると言われました。今は中国が、西から攻めてくる。あるいは北朝鮮が核で攻撃してくる危険があると言います。それを煽っておいて、だから、それに対抗する武器や軍隊を持たないといけないんだと。

そういう考え方だったらね、何のために日本国憲法９条があるのか。本当の平和というのが、軍事のない、基地のない、それが本当の平和だけど。軍隊も戦争も、人殺しのためですよ」

波照間出身で19歳で日本軍に入隊した島村修さんは、「軍隊を置いたら、かえって状況は悪くなる」と訴えた。

「結局は、軍は我々を守ってくれるだろうと住民は思うけど、実際はそうじゃないですね。沖縄戦で、戦争マラリアで分かっているように、あれ（軍隊）がおったために、我々はこんなことになった。実証済みですからね、今までの戦いで」

浦仲の浩おじいは生前、与那国島への自衛隊配備問題のニュースがテレビで放送されるたびに、眉間にしわを寄せた。

「与那国は過疎化に歯止めをかけようと自衛隊を受け入れるつもりか！　軍隊がくれば、巻き添えになって死ぬのは住民だ。沖縄戦の歴史がそう教えているじゃないか。戦争マラリアでこれだけの被害を受けた八重山に、もう軍隊はいらない。また、住民が犠牲になるだけだ」

２０１８年３月の石垣市長選挙では、配備「賛成」の現職・中山氏が再当選した。石垣島で強制移住を経験した潮平正道さんは、経済発展を理由に自衛隊に賛成する市民について、「軍隊と一緒に生活することがどういう状況を生むのか、認識が甘すぎる」と憤った。

「秘密を持っている軍隊と、秘密を持たない住民とが同じ島で生活する。当然、住民は監視されますよ。『誰が情報を漏らしたんだ』と責められる。人間の恐怖感で、事実じゃないことがバーっと広まっていく。ノーマルな生活などできなくなる」

そして何度も繰り返し私にこう語った。

「戦争になると、国家は『国』というものを大事にして『民』を犠牲にする。でも、『国』は『民』があって初めて成り立つものでしょう？　戦争になるとね、そんなことも国民は忘れてしまうんですよ。八重山の人たちも、『お国のため』『天皇のため』と言って、マラリアで死ぬと分かっていながら軍の命令に従ったんだから」

戦争マラリア体験者たちが声を揃えて訴えるこのような懸念は、果たして単なる不安なのだろうか。いま現在と１９４５年にはどんなリンクがあるのだろうか。

「日米新ガイドライン」に先立ち作られていた、陸上自衛隊の最高教範『野外令』（2000年1月策定）。これは実際の戦争における作戦遂行方法について記した自衛隊の教科書だ。これは元航空自衛隊の小西誠さんが入手し、インターネット上に全文を公開している。

その中で、「離島作戦の重要事項」として「島民の協力等あらゆる手段を活用する」と書かれている。

また、「住民避難」の方針も盛り込まれている。それに関しては「やむを得ず敵に占領された場合」としてこんな記述がある。

「作戦行動に伴う被害及び部隊行動への影響を局限する」

1945年の戦争マラリアで、日本軍は八重山地域の子どもから大人まで根こそぎ動員して基地建設を進め、軍隊のための食糧生産から住居に至るまで、文字どおり「島民の協力等あらゆる手段を活用」した。だが、戦況が緊迫すると、住民の命よりも軍事作戦を優先し、住民が「戦闘の妨害」になると懸念した。戦闘地域に住民がいれば、邪魔である。何よりも敵の捕虜になり、軍の情報を漏らされることは絶対に防止しなければならなかった。だから、綿密な移住計画をつくり、住民をいつでもコントロールできるように掌中においた。そして、住民を強制的に山に押し込め、八重山諸島全体で3600人以上をマラリアで死亡させた。

果たして、戦争マラリアは昔話なのだろうか。戦争マラリアから今現在へと繋がるレールの上を私たちはもうとっくに歩き出しているのではないか。民よりも国体を優先した沖縄戦当時の国家のシステムは、今現在も地下水脈のように私たちの足元に脈々と続いているように思えてならない。

「新日米ガイドライン」のもとで、南西諸島の島々を戦場とする作戦が今再び浮上したなかで、戦争マラリアを10年間にわたり取材してきた私は、戦争マラリアの歴史が示す「国家による民衆の犠牲」が、またいつでも、それこそ今この瞬間にも、起きる気がしてならなかった。


「また戦争をするんかやぁ」

戦争マラリアを生き抜いた八重山のおじいおばあたちは、今、口々にそう語る。それは自らの体験から導き出した、実態を伴う恐怖感だ。

戦争を知らない時代を生きる私たちは、過去からしか戦争を学ぶことはできない。戦争を学ぶこと。それは単なる悲劇に涙することでも、「今の日本は平和でいい」と安易に結論づけることでもない。その犠牲を生んだシステム、それを生み出した国家や軍隊の本質を学ぶこと。これがどう今現在の社会に繋がっているのかを見抜くこと。あの悲劇を二度と繰り返さないこと。

戦後75年がたった今も、戦争マラリアはまだ終わっていない。

それを本当に終わらせることができるのは、私たちの選択と行動次第だ。

おわりに――みんなが生きてきた証を残す（2020年　米国）

今、このあとがきを米国・カリフォルニア州の自宅で書いている。

2018年秋にフルブライト奨学金制度で渡米し、カリフォルニア大学バークレー校の客員研究員に就任してから1年半が経った。米軍問題をテーマに次作のドキュメンタリーを制作している。「国家と暴力」「国家と民衆」は、今の私の取材テーマだ。その核心には今も「戦争マラリア」がある。

「英代には戦争マラリアを学んだ者としての責任があるよ。それをどう社会に還元しながら生きるのか、考えないといけないよ」

浦仲の浩おじいが、学生時代の私に常々言い聞かせたこの言葉を忘れた日はない。もう二度と、国家に騙されないこと。戦争という愚行に加担しないこと。その方法は、拭い去ることのできない負の歴史からしか学び得ることはできないと信じている。

沖縄で既存の米軍基地に加え、自衛隊基地、そして辺野古・高江の新基地が配備され、琉球列島全体の軍事基地化が進む今こそ、私は、軍隊の潜在的な恐ろしさ、軍民雑居が招いた悲劇を、実際の歴史から国民が学ばねばならないと思う。爆撃でも戦闘でもなく、自国軍によってマラリア地獄に追い立てられた約３６００人の死者たちは、今を生きる私たちに必死に問いかけているように思えてならない。
「私たちの死から何も学ばずに、またも同じ過ちを繰り返そうとしているのか」と。
強い軍隊によって守られたいという意識が日本国民の間にどんどんと浸透していく、今の世の中だからこそ、戦争マラリアと初めて出会ってから10年が経つ今、この本を書かねばならないと思った。それが、浩おじいの言う「戦争マラリアを学んだ者の責任」だと思った。

この本の執筆にあたり、過去10年間の膨大な戦争マラリアの資料を読み返し、撮り溜めたインタビュー映像や動画を再生した。取材を始めた頃から書き始めた取材ノートは20冊以上にのぼっていた。そこには、ジャーナリストを目指して歩み始めた22歳の私自身、戦争マラリアを追って石垣島を駆け回っていた23歳の私、そして波照間で浦仲のおじいおばあたちと暮らし、サトウキビ農家になった24歳の私、そして報道記者として現場取材に明け暮れた私自身との対話でもあった。この10年間を振り返りながら、様々な思い出が駆け巡り、執筆しながら時に笑い、時に涙した。たくさんの人たちの「痛み」に触れる日々だった。

孝子おばあは家族９人を一度に失うという悲惨な体験を幼い頃に経験した。しかし、「人生で最も辛かった体験」は戦争マラリアだけではなかった。私がそのことを知ったのは、波照間に住み始めて3か月が経った頃だった。

浦仲家の書棚に『ホタルの日記』という本を見つけた。著者は、孝子おばあの4人の娘息子のうちの、二女・光代さんだった。

光代さんは、愛知県の日本福祉大学で児童福祉を学び、保育士として長年働いてきた。仕送りに苦労する両親を気遣い、自費で進学したのだと言う。孝子おばあは「あの子は、本当におりこうさんだったよ。月に1、2回は必ずどうしているかと電話をくれた」と思い出を語った。

愛おしそうに、遠い昔を懐かしむように。

「でも」と、おばあは言う。

「若くして死んでしまったさ」

光代さんの著書は、大腸がんの闘病記だった。

おばあと肩を並べて一緒にページをめくった。「1992年5月12日」と記された写真が挟まっていた。再発後、ホスピスで過ごしていた頃だ。可愛らしい丸顔はおばあにそっくりだった。意志の強さを感じるその瞳は、浩おじいに似ていた。しかし、顔色がとても悪かった。

「末期で、医者もなにもできなかったのに…」とおばあが言う。

撮影から1か月も経たない6月7日に、光代さんはこの世を去った。おばあの誕生日の翌日だった。

書籍の中に「父母へ」と書かれた文章があった。

「おばあ、これ読んで聞かせようか?」

浩おじいの法事の餅を手作りする孝子おばあと利子おばあ。
ある時利子おばあに「孝子おばあはどんなお姉ちゃん？」と聞くと、
「普通のお姉ちゃんさ」と笑っていた（2017年10月波照間島）

そう、私はおばあにたずねた。

「いやぁ…、わたし、涙が出るはずよ。でも、読んでみれっちゃあ」

その文章は、両親への最後の言葉にしてはシンプルすぎると思えるほどに短くまとめられていた。


お父さん、お母さん。四十そこそこで死ぬことになった私を残念がらないでください。

「よく生きた」と喜んでください。


おばあは、子どものような澄んだ瞳をじんわりと潤わせたあと、涙を落とした。

家族の死という、あまりにも辛い体験をおばあは人生で三度体験した。一度は戦争マラリアで。二度は愛する娘を。そして浩おじいが亡くなった今、おばあはまた一つ、人生で一番辛い日々の最中にいる。

89年という長い歳月の中で、たくさんの悲しみと痛みをおばあは経験しながら、大地を踏みしめ、畑を耕し、今日まで生きてきた。戦争マラリアを取材しようと島にやってきた私が、この10年間の取材で見つめたのは、過去の悲劇そのものよりも、むしろ、その後の人生を必死に生きてきた人々の姿であり、逞しさであり、命の尊さだったように思う。

２０１１年５月、波照間で暮らしていた24歳の私は、その日の取材ノートにこんな言葉を残していた。

「ドキュメンタリーを撮るということは、どうしても人を傷つけてしまう。それを一番私は恐れている。でも「心」というのは、きっと痛いという感覚をきちんといつも得られることが大切なんだ。麻痺して、何も感じなくなった時、心はきっと死んでしまっている。相手の立場で物事を考えていけば、相手の痛みも、私の痛みも、きっと必要最低限で済むと思う。

おじいおばあたちの心に包帯を巻いてあげられるような、そんな人に私はなりたい。みんなが口を揃えて「戦争はダメだ」「絶対に繰り返してはならない」「軍隊がいるから敵が来る」という言葉を、ひとつひとつ、私は心に染み込ませてゆきたい。ひとつたりとも忘れたり、軽々しくあしらったりしない」

私は、ある日、思い立ってこんな質問を孝子おばあにしたことがある。

「ねぇ、おばあにとって人生で一番楽しかったことはなに？」

ドキュメンタリー制作を通じて、おじいおばあの悲しみや痛みにばかり焦点を当ててきたので、たまには楽しいことも聞いてみようと思ったのだ。

するとおばあは、「えぇ、なにかー、もうバカラヌゥ（分からないよ）！」と声をあげて笑った。まん丸のほっぺたを膨らませながら。そして少し考え込んでから、こう言ったのだ。

「そうさねぇ。今が一番ムッサハン！（楽しい）」

ある日突然、我が家に乱入してきたヤマトゥピトゥ（大和人）の小娘である私と過ごすこの瞬間を「一番楽しい」と言ってくれたことは、私にとって何よりもの幸せだった。

取材は、体験者たちに残された命の時間との競争でもあった。

元海兵隊員のロバート・マーティンさんは2019年2月24日、カリフォルニア州の自宅で眠りについた。波照間の西白保高保さんも私の取材を受けてくれたわずか2か月後に亡くなった。

また、生きているおじいおばあたちの中にある「記憶」との競争でもあった。波照間で取材した東田シモおばあは、私が波照間で暮らしていた時、時々、戦争マラリアの体験を語ってくれた。映画『沖縄スパイ戦史』の取材で、2017年秋、再び波照間に帰ってきた私は、シモおばあの自宅を訪ねた。シモおばあはすっかり歳をとっていた。耳が遠くなっていた。何よりも、私のことを全く覚えていなかった。

「ウランゲーヌアマスカヨー（浦仲家にいた娘だよ）」とベスマムニで私が説明をしても、「ガー

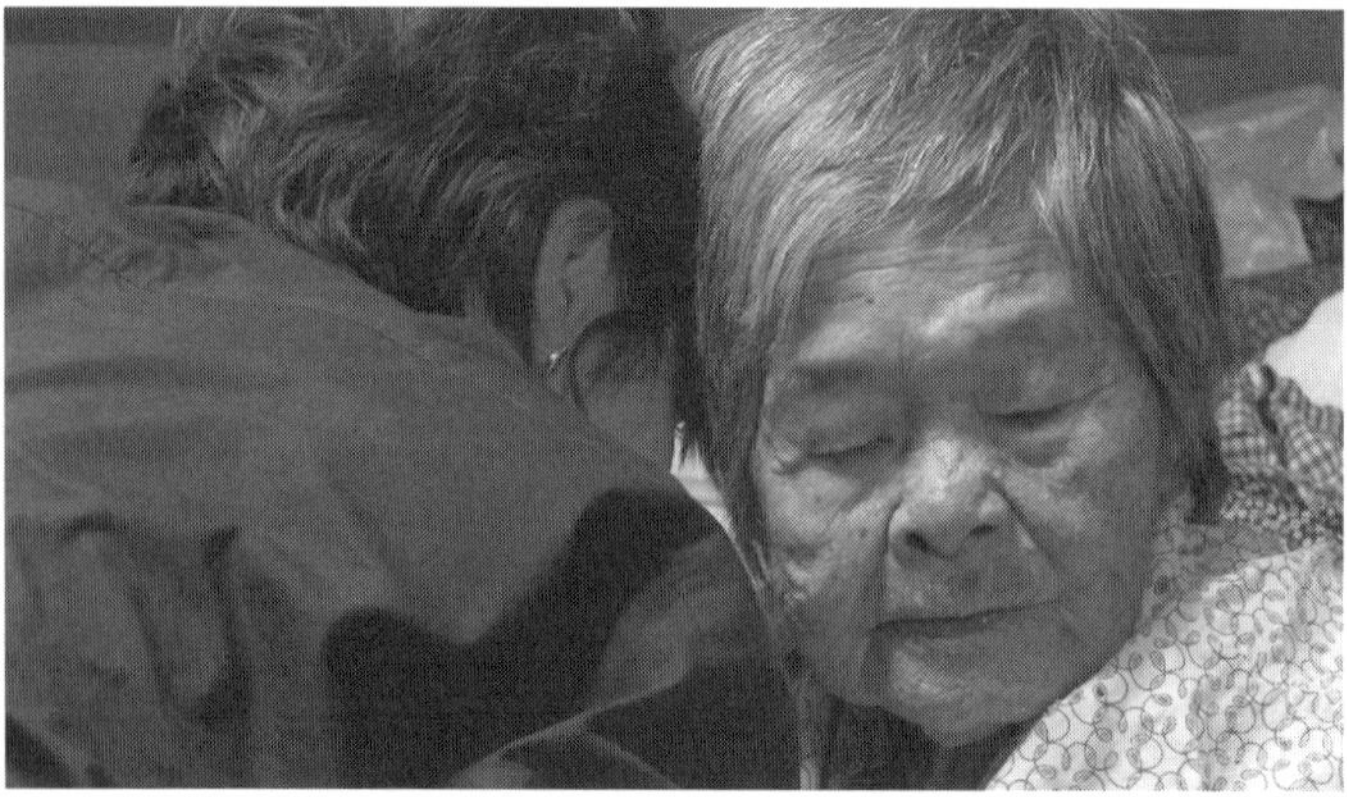

東田シモおばあと私（2017年10月波照間の自宅にて）

ン、バカラヌウ。タイヌアマヤー？（分からない。どこの家の娘か？）」と不思議そうに聞き返す。それでも戦争体験を教えてほしいと、カメラを回すが、シモおばあは記憶がうまく言葉にならない。

シモおばあは寂しそうに呟いた。

「ごめんどー、頭には（戦争マリアの記憶が）あるけどよ…、もう、うまく言い切れんさー」

その言葉を聞いた時、私は波照間に滞在していた頃、シモおばあとおしゃべりをした他愛もない日々を思い出した。その頃におばあが教えてくれた戦争体験は、今、ビデオカメラの前で喋れなくても、私の中にちゃんと記憶として残っていた。

私はシモおばあの小さな手を握った。そしておばあの右耳のすぐ横でできる限りの声を張り上げて、こう言った。

「大丈夫よー、おばあ。私がよ、ベスマヌマラリアヌクトゥヨ（波照間の戦争マラリアのことを）映画にして、みんなに伝えるからね」

戦争マラリアを生きたおじいおばあたちが、戦後ずっと背負ってきた荷物を紐解いてあげたかった。私がそれを背負って、しっかり歩く。だから、もう安心して私に預けてくださいね。もう二度と、あんな悲惨なことは繰り返さないから。私はそういう気持ちだった。

これが映画『沖縄スパイ戦史』のエンドロールのラストシーンになった。

しかし、取材を終えた今も疑問は残る。波照間の強制移住を指揮した山下虎雄こと、酒井清氏。彼について、波照間の体験者たちは、「涙が出るほど憎たらしい」「あの人のせいで波照間みんな死んだのに…。殺せばよかった」などと憎しみの思いを吐露した。浩おじいは、戦後も繰り返し来島した酒井氏に「二度と来るな」と抗議文を突きつけた。これだけの被害を与えた人物への怒りは、遺族ならば当然のことだろう。

この男の正体を取材するなかで、私は自分自身を問うた。「もし、私が当時、彼の立場にいたら、どんな行動を取っていただろうか」と。

戦時中、酒井氏は、私と同じ年頃の25歳の若者だった。戦後のインタビューで強制移住は「天皇陛下の命令だから」と平然と語っていたように、軍命を忠実に遂行した彼は、当時の軍の価値観で見れば非常に優秀な軍人だった。もし彼のように軍国主義の元で教育され、陸軍中野学校でゲリラ・スパイの特殊訓練を徹底され、南海の孤島に特務員として送られ、そしてたった一人で住民利用という日本軍の重要な作戦を遂行する任務を与えられたら、私は、どうするだろうか。

「私も、もしかしたら彼と同じ行動を取っていたかもしれない」

そう感じた瞬間、ぞっとした。「山下」という男と向き合うほどに炙り出されたのは、私自身の中にもある、おぞましい人間の弱さだった。

私たちは日常生活の様々な場面で「従属」している。職場ではやりたくない仕事も、「上司の指示だから」とやらざるを得なかったり、理不尽だと思っていても「社会のルールだから」と従ったりする。意識の有無を問わず、私たちの自己決定は必ず外的要因に左右されている。

75年前の日本軍からの「命令」であれ、現国会が次々と生み出す「法律」であれ、今後起こり得る自衛隊からの「協力」であれ、絶対的な権力を振りかざされた時、私たちは─あなたは、私は─果たして、どこまで抗うことができるのか。

「山下」は大本営の駒にすぎなかった。そして私たちも、いつでも次の「山下」になり得る。無意識のうちに、あるいは「正義」の名の下に率先して、残虐行為の片棒を担ぎかねない。だからこそ、私たちの中にある普遍的な弱さを、今、一人ひとりが問わねばならない。

なお、中野学校卒業生たちが戦時中の沖縄本島で担った秘密戦と少年ゲリラ隊「護郷隊」については三上智恵さんの『証言・沖縄スパイ戦史』（集英社新書）をご参照いただきたい。本書と併せてお読みいただくことで、秘密戦の残虐な実態がより浮き彫りになるはずだ。

最後に、10年間にわたり、取材でお世話になった皆さんに心から感謝の気持ちを伝えたい。石垣島の潮平正道さん、山里節子さん、大田静男さん、内間家のみなさん。波照間の浦仲家、前加良家のご家族の皆さん、大田文章さん・貞子さん御夫妻、屋良部秀さん、東田シモさん、嶋間末さん、大嶺千代さん、西白保高保さん、銘苅進さん・好子さん御夫妻、金武榮保さん、金武正さん、美底千代さん、玉城功一さん、島村修さん、東金嶺健吉さん、白保昇さん、後仲筋正忠さん、南風見スミさん、西里スミさん、野原光栄さん、西島本米彦さん、野底光子さん、金嶺巌さん・ヨシさんご夫妻。まだまだ書ききれないたくさんの方々にお世話になった。

映画『沖縄スパイ戦史』共同監督の三上智恵さん、橋本佳子プロデューサー、配給会社東風の皆さん、平田守カメラマン、比嘉真人助監督、鈴尾啓太編集マン、劇伴のROVO勝井祐二さん、そして、制作スタッフの皆さん。私を報道記者として育ててくれた沖縄の報道現場のみなさん。貧乏学生だった私を美味しい手料理で支えてくれた田中和子さん。大学院時代の恩師であり、尊敬するジャーナリストの野中章弘さん、吉田敏浩さん。二人がいらっしゃらなかったら、今の私はいませんでした。

そして、私の夢を支え続けてくれる両親、家族、愛する姪の千鶴代、實智代。

1年以上締め切りを延ばし続けてしまったにもかかわらず、辛抱強く、また強い問題意識を持って出版を実現してくださったあけび書房代表の久保則之さん、編集にご尽力くださった清水まゆみさんにも、心からの感謝を申し上げます。

ドキュメンタリー映画『沖縄スパイ戦史』は2018年夏の公開以降、全国各地の劇場で上映され、これまで約3万人が観てくださった。キネマ旬報文化映画部門でベスト1位になるなど9つの賞をいただいた。国外では韓国、ドイツ、スイスの映画祭で上映され、今後は米国内でも上映が始まる。日本国内では自主上映が続いている。


先日、米国から孝子おばあに電話をして、海外での上映について伝えた。

「オッペー、デージサッチャマー（あらら、大変だ）」と感激していたおばあは、

「でも、ベスマムニ（波照間の言葉）、みんな分からないでしょー」と心配した。

「ちゃんと字幕つけたから大丈夫だよ」と私が伝えると、おばあは、

「エーナァ、ハナヨー、ダンドゥナルシタヨー（そうか、あんたは何でもできるなぁ）」と嬉しそうだった。


そしておばあは、「あい、ちょっと売店に行ってくるさーね」と言って、受話器を放置してそのまま電話の向こう側に消えた。「え、ちょっと待って、おばぁ！」と叫ぶ私を置いて、おばあはベスマムニで何かを言いながら、家を出て行った。きっと、いつものように草履をはいて。

電話口に取り残された私は、そのおばあらしさが、また可愛らしくて、一人で笑った。


孝子おばあ。おばあの人生を、その痛みを、喜びを、私に分けてくれてありがとう。

そして、波照間の風になった浩おじいへ。これからも取材を続ける私を、どうぞ見守っていてください。おじいの言葉を胸に刻みながら、私は生きていきます。

ブヤー、パイマー。

ベスマヌマラリアヌクトゥ、ナラヘタボリ、シカイトニーハイユー。

「おじい、おばあたち。波照間のマラリアの体験を私に語り継いでくれて、本当にありがとうございます」

ジャーナリスト・ドキュメンタリー映画監督　大矢英代

２０２０年１月　米国カリフォルニア州にて

主な参考文献・資料・論文

『沖縄県史 第10巻』（沖縄県教育委員会、１９７４年）
『石垣市史 資料編 近代３ マラリア資料集成』（石垣市市史編集室、１９８９年）
前書収録『八重山島風土病取調書』（古川栄）
『竹富町史 第12巻 資料編 前書収録『一九四五年戦争に於ける八重山群島のマラリアに就いて』（八重山民政府衛生部、１９４７年）

『竹富町史 第12巻 資料編（戦争体験記録）』（竹富町町史編集室、１９９６年）
『八重山要覧・第47巻』（沖縄県総務部八重山事務所、２００８年度版）
『八重山群島物産繁殖ノ目途』（田代安定、成城大学民俗学研究室、１９７１年）
『沖縄・台湾・硫黄島方面陸軍航空作戦』（防衛庁防衛研修所戦史室、１９７０年）
『八重山兵団防衛戦闘資料』（独立混成第45旅団司令部少佐・東畑広吉氏手記）
『南西諸島守備大綱』（保坂廣志氏提供、原本は米公文書館収蔵、１９４５年）
『十五年戦争極秘資料集 第３集』（不二出版、１９８７年）
『石垣島方面陸海軍作戦：太平洋戦争記録』（瀬名波栄、沖縄戦史刊行会、１９９６年）
『波照間国民学校沿革史』（波照間国民学校、１９４５年）
『秘・八重山群島ノ衛生状況大要』（球第一八八〇一部隊、吉野高善、１９４４年）
『市民の戦時戦後体験記録』（石垣市市史編集室、１９８４年）
『戦時中の八重山地域におけるマラリア犠牲の実態』（八重山地域マラリア犠牲者部会報告、１９９２年）
『マラリア関係資料（内部資料）』（沖縄県生活福祉部援護課、１９９１年）

『八重山の戦争』（大田静男、南山舎、１９９６年）
『もうひとつの沖縄戦―マラリア地獄の波照間島』（石原ゼミナール・戦争体験記録研究会、ひるぎ社、１９８３年）
『日本軍と戦争マラリア：沖縄戦の記録』（宮良作、新日本出版社、２００４年）
『沖縄・戦争マラリア事件：南の島の強制疎開』（毎日新聞特別報道部取材班、東方出版、１９９４年）
『日本の戦後処理を問う―復帰20年の沖縄から』（九州弁護士会連合会、１９９２年）
『沖縄大百科事典 上巻』（沖縄大百科事典刊行事務局、沖縄タイムス社、１９８３年）
『沖縄戦新聞』（琉球新報社、２００５年）
『日本の空襲９』（日本の空襲編集委員会、三省堂、１９８１年）
『竹富町の島々と共に：歴代首長と五十年の回想』（瀬戸弘、１９８２年）
『回想録』（仲本信幸、本田昭正編集発行、１９７７年）
「琉球新報」新聞記事（１９８９年８月６日、９日）
『陸軍中野学校 ３（秘密戦史）』（畠山清行、番町書房、１９７３年）
『陸軍中野学校』（中野校友会、１９７８年）
『陸軍中野学校と沖縄戦：知られざる少年兵「護郷隊」』（川満彰、吉川弘文館、２０１８年）
『星になった子どもたち～沖縄・離島の戦争マラリア生存者の証言』（毎日放送、２００６年）
『戦争マラリア～八重山諸島強制疎開の証言』（琉球放送、１９９２年）
『石に刻むもうひとつの沖縄戦』（テレビ西日本、１９８５年）

本書掲載写真出典　大矢英代、「沖縄スパイ戦史」製作委員会、琉球新報社

大矢　英代（おおや　はなよ）

1987年、千葉県出身。

琉球朝日放送記者を経て、フリージャーナリスト、映画監督。

ドキュメンタリー映画『沖縄スパイ戦史』（2018年・三上智恵との共同監督）で文化庁映画賞優秀賞、第92回キネマ旬報ベスト・テン文化映画部門1位など多数受賞。

ドキュメンタリー番組『テロリストは僕だった～沖縄・基地建設反対に立ち上がった元米兵たち～』（琉球朝日放送、2016年）でテレビ朝日プログレス賞最優秀賞。

2018年フルブライト奨学金制度で渡米。以降、米国を拠点に軍隊・国家の構造的暴力をテーマに取材を続ける。

明治学院大学文学部卒業（2009年）、早稲田大学大学院政治学研究科ジャーナリズムコース修士課程修了（2012年）。

現在、カリフォルニア大学バークレー校客員研究員。

本書にて、2020年度山本美香記念国際ジャーナリスト賞奨励賞を受賞。


沖縄「戦争マラリア」—強制疎開死3600人の真相に迫る

2020年2月10日　第1刷発行©
　　　6月15日　第2刷発行©

著　者——大矢 英代
発行者——久保 則之
発行所——あけび書房株式会社
102-0073　東京都千代田区九段北1-9-5
☎03.3234.2571　Fax 03.3234.2609
akebi@s.email.ne.jp　http://www.akebi.co.jp

組版・印刷・製本／モリモト印刷　ISBN978-4-87154-166-4　C3036